8° Y.f
754

DEUX SIÈCLES
A L'OPÉRA
(1669-1868)

Clichy. — Impr M. Loignon, Paul Dupont et Cie, rue du Bac-d'Asnières, 12.

NÉRÉE DESARBRES

DEUX SIÈCLES
A L'OPÉRA
(1669-1868)

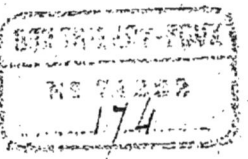

CHRONIQUE ANECDOTIQUE, ARTISTIQUE
EXCENTRIQUE, PITTORESQUE ET GALANTE

DÉMÉNAGEMENTS — DIRECTIONS ET ADMINISTRATIONS —
BATTEURS DE MESURES ET CHEFS D'ORCHESTRE —
FORTES CHANTEUSES ET CANTATRICES LÉGÈRES —
TÉNORS, BASSES ET BARYTONS —
DANSEUSES ET BALLÉRINES — MAITRES DE BALLETS
DANSEURS ET MIMES — OPÉRAS
BALLETS ET CANTATES — BALS MASQUÉS —
LES BUSTES DU NOUVEL OPÉRA

PARIS
E. DENTU, ÉDITEUR
LIBRAIRE DE LA SOCIÉTÉ DES GENS DE LETTRES
PALAIS-ROYAL, 17 ET 19, GALERIE D'ORLÉANS
—
1868
Tous droits réservés.

DEUX SIÈCLES A L'OPÉRA

(1669-1868)

DÉMÉNAGEMENTS.

Pour bien des gens, l'Académie de musique et de danse n'a jamais habité que la salle du Palais-Royal, deux fois détruite par l'incendie, l'immeuble existant de la Porte-Saint-Martin, le théâtre démoli de la Montansier, place Louvois, et la masure actuelle de la rue Le Peletier.

Combien d'autres domiciles n'a-t-elle pas eus cependant depuis le 28 juin 1669, date réelle de sa naissance, quoi qu'en ait dit longtemps son rideau menteur (1), qui voulait que le privilège eût été remis en mains propres par Louis XIV à Lulli, qui ne fut que le deuxième directeur, trois ans plus tard.

Possesseur des lettres patentes, Perrin se mit à la recherche d'un local pour l'exploitation de son privi-

---

(1) Ce rideau vient d'être rétabli, et sert à indiquer les entr'actes.

lége, et, tandis que l'on transformait en salle de spectacle le Jeu de Paume de la Bouteille, rue Mazarine, il faisait répéter *Pomone* dans la grande galerie de l'hôtel de Nevers, rue de Richelieu, occupé aujourd'hui par la Bibliothèque impériale.

Le 19 mars 1671 seulement, le théâtre de la rue Mazarine fut inauguré.

A peine Lulli s'était-il emparé du privilége donné à Perrin qu'il éprouva le besoin de faire autrement que son prédécesseur; il désira un changement, et, trouvant la salle de la Bouteille incommode, fit agencer celle du Jeu de Paume du Bel-Air, rue de Vaugirard, et y transporta l'Opéra. Mais, improvisée, cette dernière salle ne semblait pas offrir toute garantie de solidité, et, quoiqu'il en coûtât à l'amour-propre du nouveau directeur, il fut obligé de revenir au théâtre de Perrin.

L'Opéra était là pour la deuxième fois, lorsque, à la mort de Molière, le 17 février 1673, Lulli obtint du roi d'aller installer sa troupe dans la salle du Palais-Royal.

Cette salle, qu'avait construite Lemercier en 1637, d'après les ordres et aux frais du cardinal de Richelieu, était située à droite, en entrant par la rue Saint-Honoré, dans la grande cour du Palais-Royal; le public y arrivait par un *cul-de-sac* bientôt appelé *de l'Opéra*, impasse obscure, malpropre, qui devint plus tard l'extrémité de la rue de Valois. Elle n'avait aucune apparence extérieure, le cardinal l'ayant destinée aux représentations particulières offertes par lui à la cour et à ses amis, qui y parvenaient par la grille d'honneur.

La salle formait un carré long dont la scène occupait une extrémité; elle avait deux galeries divisées en loges, son plancher était formé de gradins, s'élevant de cinq pouces les uns au-dessus des autres, sur lesquels on plaçait des siéges.

Un jour, assistant au spectacle du cardinal, la reine Christine de Suède, assise dans un fauteuil, sur un gradin, se permit de mettre les pieds sur le dossier du siége placé devant elle, se souciant peu du scandale que causait une exhibition à laquelle on n'était pas accoutumé en public.

Approprié à sa nouvelle destination, la salle du Palais-Royal fut inaugurée le 15 juin 1673.

En 1712, Louis XIV fit construire l'hôtel de l'*Académie royale de musique* dans la rue Saint-Nicaise. Cet hôtel était le chef-lieu de l'administration; il renfermait un théâtre pour les répétitions; là se trouvaient la bibliothèque, le bureau de copies et les ateliers. Le *Magasin*, tel était le nom par lequel il était généralement désigné.

En 1790, l'hôtel de l'Académie royale de musique devint propriété nationale et, en 1802, fut démoli pour livrer son emplacement à la galerie septentrionale du Louvre.

En 1718, les auteurs n'avaient leur entrée qu'au parterre; une ordonnance du roi, datée de cette année, les place à l'amphithéâtre pour les mettre en évidence sous les yeux de la police, qui pourrait mieux les surveiller et les empêcher de siffler les pièces de leurs confrères. C'est drôle !

Du reste, comme les auteurs, les autres spectateurs ne se mettaient pas où bon leur semblait ; les personnes de qualité avaient seules le droit d'aller dans les premières loges ; seuls, les seigneurs français et étrangers pouvaient se placer aux balcons sur le théâtre.

La duchesse de Berri elle-même, ayant voulu faire surmonter sa place d'un dais, ne s'exposa pas deux fois à la réprobation générale, et se réfugia dans une loge cachée.

La salle de l'Opéra communiquait aux appartements du Régent ; celui-ci y venait souvent causer avec ses petites protégées : Mlles Souris, Emilie, Leroi. Bientôt cependant ses visites devinrent plus rares ; la familiarité avec laquelle Mlle Souris le traitait le rendait ridicule.

— Ne l'appelez donc pas Philippe, dit un jour, en parlant du duc d'Orléans, M. de Nocé à la figurante.

— Vraiment, peut-on appeler *monseigneur* un homme qu'on a vu si souvent à ses pieds ? répondit celle-ci.

Le 6 avril 1763, pendant les vacances de Pâques, le théâtre du Palais-Royal fut complétement détruit par un incendie qui menaça tout le palais.

Le feu avait été communiqué par un poêle trop chauffé,

dont le tuyau, passant dans la loge des figurantes, avait éclaté.

Durant six mois, les sujets de l'Académie royale furent sans toit, mais, de par l'ordre du roi, leurs appointements furent payés.

Le 24 janvier 1764, l'Opéra fut installé aux Tuileries, dans un théâtre découpé par Soufflot, dans la salle des *Machines*, dont la scène seule avait suffi à l'emménagement complet : salle, scène, foyer, loges d'acteurs, cabinets directoriaux.

— Cette salle est sourde, disait un spectateur le jour de son ouverture.

— Elle est bien heureuse, répondit Guliani, désignant les chanteuses en scène.

Ce n'était que provisoirement que l'Opéra était logé aux Tuileries ; on s'occupait activement de reconstruire le théâtre du Palais-Royal, qu'on rouvrit par *Zoroastre*, le 26 janvier 1770.

L'architecte Moreau reçut de la ville une gratification de 50,000 livres.

La salle avait quatre rangs de loges ; son foyer était orné des bustes de Quinault, Lulli et Rameau.

Son existence ne fut pas de longue durée.

Le 18 juin 1781, on donnait *Orphée*, suivi de *Coronis*, lorsque, vers les dernières scènes du ballet, une frise s'enflamma.

Un danseur, Auberval, s'étant aperçu du danger, prit

sur lui, sans prévenir le public, de faire baisser le rideau.

A peine le dernier spectateur s'était-il retiré, que les flammes envahirent la salle, dont la charpente, en s'affaissant, écrasa dix personnes.

De même qu'en 1763, les acteurs reçurent intégralement leurs appointements, mais ils ne purent retrouver l'hospitalité aux Tuileries, dont la salle avait été prêtée à la Comédie-Française. Ils furent errants et sans domicile pendant soixante-six jours, et débutèrent le 14 août dans la salle des Menus-Plaisirs, rue Bergère, par *le Devin de village* et *Myrtil et Lycoris*.

Le 26 octobre suivant, ils prirent possession du théâtre de la Porte-Saint-Martin, bâti en quatre-vingt-six jours, du 2 août au 26 octobre, sous la direction et sur les plans de l'architecte Lenoir, à qui furent donnés, en récompense de son exactitude, la décoration de Saint-Michel et le brevet d'une pension de 6,000 livres.

Inaugurée par une représentation *gratis*, composée d'*Adèle de Ponthieu*, le 27, la salle contint ce jour-là dix mille spectateurs; elle en éprouva un tassement dont on s'aperçoit encore aujourd'hui.

On dit que l'architecte n'assistait pas à la représentation; cependant il avait garanti la salle *pour trente ans*.

Le 14 avril 1794, le *Comité de salut public* avait décidé, par un arrêté, que l'Opéra, devenu *national*, serait transféré sans délai rue de la Loi (lisez de Richelieu), dans la salle de la Montansier.

Comme le déménagement de celle-ci ne se faisait pas assez vite au gré des membres du Comité, Bourdon-Neuville et Mlle Montansier furent emprisonnés et leur théâtre confisqué.

L'Opéra alors vint s'y établir, et fit son ouverture, le 7 août 1794, par *la Réunion du 10 août*, en prenant le titre de *Théâtre des Arts*.

Il était encore là le 13 février 1820, dernier dimanche du carnaval. Il donnait *le Carnaval de Venise*, *le Rossignol* et *les Noces de Gamache*, lorsque le duc de Berri, avant la fin du spectacle, reconduisant la duchesse à sa voiture, fut frappé mortellement par le poignard de l'assassin Louvel. Le spectacle n'en continua pas moins; mais, le duc de Berri étant mort dans un cabinet de l'administration, il fut décidé que ce théâtre disparaîtrait.

L'Opéra suspendit ses représentations, et n'en reprit le cours, par *Œdipe à Colone* et *Nina*, dans la salle Favart, que le 19 août suivant.

Le 11 mai 1821, ce théâtre fut abandonné. L'Opéra donna quelques soirées sur la scène Louvois. Le 16 août, la salle *provisoire* de la rue Le Peletier fut inaugurée par le chant *Vive Henri IV*, *les Bayadères* et *le Retour de Zéphire*. Elle avait été faite dans de telles conditions de grandeur et de disposition qu'elle reçut toute la décoration et la charpente intérieure de la salle démolie.

Une des grandes faiblesses du roi Louis-Philippe a été de consentir à ce que le monument expiatoire de la place Louvois, élevé à la mémoire d'une auguste victime d'un crime, et son parent, disparût. Triste concession faite à l'esprit de parti !

Une seule salle *définitive*, depuis deux cents ans jusqu'à ce jour, a été construite pour l'Opéra en 1770, celle du Palais-Royal. Elle a été incendiée en 1781.
Les deux salles *provisoires* bâties, celle de la Porte-Saint-Martin en 1781, celle de la rue le Peletier en 1821, ayant l'une une existence de quatre-vingt-sept ans, l'autre une durée de quarante-sept ans, sont encore debout.
La rue Le Peletier (que Dieu m'entende !) sera la dernière station de l'Opéra avant d'arriver au palais qu'on lui prépare. Cette station n'aura pas été la moins glorieuse ; les noms illustres de Rossini, Donizetti, Meyerbeer, Halévy, peuvent s'inscrire sur le livre d'or de l'Académie à côté des noms les plus rayonnants des étapes précédentes.

DIRECTIONS ET ADMINISTRATIONS.

L'Opéra est le pays des surprises et des changements à vue.

Dans les bureaux de l'administration, comme sur la scène, il semble qu'il y ait de nombreuses trappes par lesquelles paraissent et disparaissent les directeurs.

Les véritables causes, motifs ou prétextes des révolutions administratives, presque toujours ignorés du public, sont seulement connus des fouilleurs d'archives.

Le dessous des cartes de plusieurs mutations survenues à diverses époques ne manque pas d'un certain intérêt au point de vue moral et philosophique.

L'abbé Perrin, premier titulaire du privilége de l'Opéra, avait pour associés le musicien Cambert et le marquis de Sourdéac, machiniste par goût. A peine était-il investi, que l'Italien Lulli attaqua l'institution par ses écrits et par ses paroles.

Bientôt cependant celui-ci, ayant eu connaissance de

120 mille livres de bénéfices encaissées en moins d'une année par la direction, changea de batteries, et s'adressa à madame de Montespan, qui, par sa toute-puissance, obtint du roi la révocation de Perrin et la nomination de son protégé.

On voit que, dès le principe, l'intrigue a présidé aux destinées de l'Opéra.

Lulli gagna 800 mille livres pendant une gestion de quinze années!

Ce fut son gendre Francine qui lui succéda; mais ce dernier fut bientôt obligé de céder l'entreprise à des capitalistes, auxquels il la reprit plus tard.

En 1698, le roi lui adjoignit Dumont, commandan tdes écuries du dauphin. L'association Francine et Dumont marchait mal, lorsqu'elle transmit ses droits à Pécourt et Belleville, forcés quelque temps après de rendre la direction à leur vendeur. Guyenet, payeur de rentes et riche propriétaire, succéda à Francine et Dumont; mais bientôt sa grande fortune fut engloutie, et Francine et Dumont rentrèrent encore dans le privilége, dont ils traitèrent avec les syndics de la faillite Guyenet.

En 1714, les syndics renoncèrent à l'exploitation; l'éternel Francine la reprend une dernière fois pour la rendre de nouveau aux syndics.

Le roi, qui jusqu'à ce moment avait été le directeur suprême de son Académie, délègue auprès de celle-ci le ministre de sa maison.

Le 2 décembre 1715, le duc d'Antin, par lettres patentes données à Vincennes, est nommé régisseur royal de l'Académie.

Après les syndics de la faillite Guyenet, arriva à la direction de l'Académie, en 1728, le compositeur Destouches, qui céda la position à Gruer, moyennant la somme de 300,000 francs. Gruer avait pour associés le comte de Saint-Gilles et le président Lebeuf; il était fort riche, aimait la bonne chère et les jolies femmes.

Un soir, le 15 juin 1731, il y avait fête galante à l'hôtel de l'Académie royale. Les invités appartenaient au meilleur monde; les dames se nommaient : Mesdemoiselles Pélissier, Petitpas, de Camargo, Duval du Tillet, etc.; la chaleur était accablante, et le vin de Champagne avait exalté toutes les têtes.

Sur une proposition de Gruer, ces dames s'étant consultées du regard, et croyant ne rien avoir à refuser à leur directeur, par un mouvement simultané, empruntèrent le costume de la Vénus Pudique.

Il faisait si chaud !

Le bruit de l'équipée directoriale parvint jusqu'aux oreilles du roi Louis XV, qui, personnellement, en rit beaucoup; mais, obligé de donner satisfaction aux nombreuses réclamations de la morale outragée, il laissa révoquer par un arrêt du conseil d'État le trop libertin Gruer, dont le privilège avait été renouvelé pour trente années.

Ses associés se virent d'abord maintenus dans la direction; mais bientôt, complètement ruinés, ils furent exilés par lettres de cachet, pour avoir refusé une gratification à la danseuse Mariette, protégée par le prince de Carignan, nommé, en 1731, inspecteur général de l'Académie royale de musique.

Eugène de Thuret, capitaine du régiment de Picardie,

obtint, en 1733, la suite du privilége accordé à Gruer. Onze années d'exploitation lui coûtèrent la santé et une grande partie de sa fortune.

En 1744, à Thuret succéda Berger, qui mourut à la peine.

Après ce dernier vint Tréfontaine, qui fut directeur seize mois, jusqu'au 27 août 1749. Ce jour-là, le lieutenant de police, porteur d'une lettre de cachet et assisté d'une nombreuse escorte, vint à cinq heures du matin mettre les scellés sur tous les papiers de ce directeur, dont le déficit s'élevait à 252,909 livres.

La ville de Paris prit alors l'administration de l'Académie, par ordre du roi; elle nomma gérants en son nom Rebel et Francœur, qui, à cause des tracasseries qu'on leur faisait subir, abandonnèrent l'entreprise en 1754.

A cette époque, Royer les remplaça, et eut pour successeurs à la gérance, jusqu'en 1757, Bontemps et Levasseur.

Très-obérée en ce moment, la ville obtint de Louis XV l'autorisation de céder son privilége à ses anciens gérants, Rebel et Francœur.

La cession fut faite pour trente années.

En 1766, cependant, Rebel et Francœur se retirèrent, cédant la place à Trial et Berton, qui, en 1769, résilièrent leur bail avec la ville, tout en restant gérants, au nom de celle-ci, avec Dauvergne et Joliveau.

En 1776, la ville abandonna de nouveau la direction de l'Opéra.

Papillon de la Ferté, Mareschal des Entelles, de la Touche, Bourboulon, Hébert et Buffault sont nommés commissaires du roi près l'Académie, ayant sous leurs ordres un directeur, deux inspecteurs, un agent et un caissier.

Cette combinaison dura une année à peine.

En 1778, de Vismes devint directeur de l'Académie, avec 80,000 livres de subvention données par la ville. Après une année d'essai, il rendit son privilége.

Le 17 mars 1780, le roi retira à la ville la concession de l'Opéra; la Ferté fut nommé commissaire de Sa Majesté, et Berton directeur.

Le 8 avril 1790, la ville de Paris reprit l'Opéra dans ses attributions. Elle nomma des commissaires; puis, le 8 mars 1792, elle céda l'entreprise pour trente ans à Francœur, ancien directeur, et à Cellerier.

Le 17 septembre 1793, le conseil général de la commune de Paris décida que, « comme mesure de sûreté « générale, Cellerier et Francœur, administrateurs de « l'Opéra, seraient arrêtés comme suspects. »

Pour assurer la bonne exécution de cet arrêté, dès la veille, un mandat avait été lancé, et une tentative d'arrestation avait été faite, mais n'avait réussi qu'à demi, puisque Francœur seul avait été pris et écroué à la Force, tandis que Cellerier, plus heureux, s'était, par une fuite prudente, dérobé aux poursuites de ses forcenés persécuteurs.

Pour remplacer ces deux directeurs, un comité administratif fut choisi parmi les plus purs sans-culottes de l'endroit. A la tête de ce conseil se trouvaient Laïs, Rey, Rochefort et Lasuze.

Les chefs et les fonctionnaires de la République fréquentaient assidûment les coulisses de l'Opéra, où se rencontraient tous les jours de représentation Henriot, Danton, Hébert, Chaumette, Leroux. Un soir que Lainez venait de chanter une ode patriotique pour la première fois, un habitué des coulisses lui frappa vigoureusement sur l'épaule à sa sortie de scène, lui disant :

— Citoyen, ta chanson ne vaut pas le diable ; tu ne l'as pas faite, je le sais ; mais, à l'avenir, avant de livrer au peuple souverain de pareilles sottises, je t'invite à me les soumettre.

— Oui, dirent les voisins du chanteur, le camarade entend la coupe, et mieux qu'un autre.

— Certainement, reprit le dilettante, et, pour te le prouver, je t'apporterai demain des strophes de ma façon.

— Citoyen, répondit Lainez, je m'empresserai de les faire entendre à nos amis.

— Et que l'exécution soit ferme et brillante ; je tiens à l'exécution.

Lorsque l'interlocuteur de Lainez eut tourné le dos, l'artiste désira savoir à qui il avait eu affaire.

C'était au bourreau, qui, en qualité de fonctionnaire public, avait ses entrées sur la scène et dans la salle.

Le ministre de l'intérieur, malgré ses graves préoccupations, ne négligeait pas pour cela les affaires de l'Opéra. Voici une lettre du 14 pluviôse an V :

« L'intention du directoire exécutif, citoyens, est que
« le théâtre dont vous êtes administrateurs porte désor-
« mais le titre de Théâtre de la République et des Arts ;
« vous voudrez bien, du jour même où vous recevrez

« cette lettre, ne plus employer d'autre dénomination.

« Pour le ministre de l'intérieur,

« *Le ministre de la police générale, pour absence,*

« Cochon. »

La commission patriotique, remplacée le 3 thermidor par un nouveau comité, rentra bientôt en fonctions.

Pendant dix mois, Mirbeck fut attaché en qualité de commissaire auprès de l'Opéra, devenu le *Théâtre de la République et des Arts :* Francœur, Denesle et Baco lui succédèrent avec le titre d'administrateurs provisoires. De Vismes et Bruet de Treisches furent nommés directeurs; Cellerier leur fut adjoint. Un arrêté des consuls, du 6 frimaire an VI, mit le *Théâtre de la République et des Arts* sous la surveillance d'un préfet du palais. Morel en fut le directeur.

Par décret impérial du 29 juillet 1807, l'Opéra entra dans les attributions du premier chambellan de l'empereur. La direction en fut confiée à Picard.

Sous la Restauration, l'Académie passa dans la main du ministre de la maison du roi, Picard étant toujours directeur, et de Pradel surintendant.

Plus tard, Picard céda la place à Papillon de la Ferté, celui-ci ayant pour l'aider dans l'administration Choron et Persuis.

Ce dernier, à son tour, devint directeur, et eut pour successeur Viotti.

En 1821, F. Habeneck fut appelé au fauteuil directorial.

Le comte de Blacas, ministre de la maison du roi, devint surintendant des théâtres royaux ; après lui se succédèrent le marquis de Lauriston, le duc de Doudeauville, le vicomte Sosthènes de La Rochefoucauld : Duplantis prit le titre d'administrateur de l'Opéra, en remplacement de F. Habeneck.

A la suite de la révolution de 1830, l'Opéra se transforma en entreprise particulière. M. Véron, avec 810,000 francs de subvention, obtint la direction, qu'il céda en 1835 à M. Duponchel, ayant réalisé une fortune de 900,000 francs.

M. Duponchel, en 1840, passa la main à M. Léon Pillet, qui, en 1847, l'abandonnait à son tour avec 513,000 francs de dettes à MM. Duponchel et Roqueplan, pour lesquels le privilége fut prorogé de dix années.

Quelque temps après la révolution de 1848, M. Duponchel se retira, et M. Roqueplan resta seul.

L'Académie impériale de musique étant entrée dans les attributions du ministre de la maison de l'Empereur, sont nommés directeurs : en 1854, M. Crosnier ; en 1856, M. Alphonse Royer ; en 1862, M. Perrin.

C'est à M. Roqueplan que la maison de l'Empereur avait pris l'Opéra en 1854, c'est à M. Perrin que, douze ans plus tard, la maison de l'Empereur rend le privilége.

Rien de plus juste ; M. Perrin subira pour son compte personnel les conséquences des engagements qu'il a fait prendre.

Seulement, ce directeur a trouvé la subvention augmentée d'un tiers ; elle était de 600,000 francs en 1854 ; elle est aujourd'hui de 800,000 francs (20,000 francs applicables à la caisse des pensions), auxquels la munificence de Sa Majesté ajoute 100,000 francs sur sa cassette particulière.

En tout 900,000 francs, soit 300,000 francs de plus que ses prédécesseurs dans la gestion industrielle responsable ne touchaient.

C'est un joli denier, qui doit assurer la réussite de l'exploitation; car il est établi par la comptabilité que jamais, dans les années les plus désastreuses, le chiffre de la perte n'a dépassé cette somme.

BATTEURS DE MESURE ET CHEFS D'ORCHESTRE.

CAMBERT,

né à Paris vers 1628, avait été organiste de l'église collégiale de Saint-Honoré, surintendant de la musique de la reine Anne d'Autriche, et collaborateur de Perrin dans la *Pastorale en musique* représentée au village d'Issy, dans le château de M. de La Haye, en avril 1659. La même collaboration avait encore produit *Ariane* ou *le Mariage de Bacchus*, opéra également joué au château d'Issy, en 1661.

Au triple titre de compositeur, d'associé à la direction et de chef d'orchestre, Cambert conduisait, en 1671, les instrumentistes, au nombre de quatorze. Aujourd'hui on en compte quatre-vingt-quatre.

L'année suivante, Cambert composa la musique de *les Peines et les Plaisirs de l'Amour*, paroles de Gilbert.

La même année, le privilége de l'Académie ayant été retiré à l'abbé Perrin, Cambert se trouva dépossédé de sa position. Il se retira en Angleterre, où la faveur et la fortune ne purent le consoler de l'ingratitude de sa patrie.

Le premier batteur de mesure de l'Opéra français mourut à Londres en 1677.

LALOUETTE,

né à Paris, enfant de la maîtrise de Saint-Eustache, et violoniste célèbre de son temps, fut choisi pour remplacer Cambert.

Élève de Lulli pour la composition musicale, il se vanta, dit-on, d'avoir écrit plusieurs des plus beaux airs des opéras de son maître, qui, jaloux et offensé dans son amour-propre, le força à quitter l'Opéra.

Lalouette se retira à Versailles; il y mourut à l'âge de soixante-dix-sept ans, maître de chapelle de l'église Notre-Dame.

COLASSE,

d'abord enfant de chœur à l'église de Saint-Jean, où il commença des études achevées au collége de Navarre, succéda à Lalouette. Doué d'une grande facilité musicale, sa réputation naissante vint jusqu'à Lulli, qui le prit chez lui comme élève, et le fit travailler aux parties de chœur et d'orchestre, dont il faisait seulement le chant et la basse.

Une collection considérable de morceaux composés par Lulli était entre les mains de Colasse. Cette possession venait de l'habitude qu'avait le maître de faire et refaire certains airs, et de jeter au panier ceux dont il n'était pas complétement satisfait.

Colasse, homme d'ordre, ramassait les pages méprisées, et plus tard les utilisa, prétend-on, dans ses ouvrages.

Ses contemporains lui reprochèrent plusieurs fois ses larcins. Un jour que, s'étant pris de querelle avec un acteur de l'Opéra, ses habits avaient eu à souffrir d'une explication très-animée : — Comme te voilà fait! lui dit un de ses amis. — Comme quelqu'un qui revient du pillage, répondit mademoiselle Le Rochois, célèbre et spirituelle actrice du temps.

Colasse a signé, en collaboration de Lulli pour la musique, *Achille et Polyxène*, avec Fontenelle pour les paroles, *Thétis et Pélée* ; *Enée et Lavinie*, avec La Fontaine, également pour le poëme ; *Astrée*, avec Louis Lulli fils pour la musique, et Pic pour le poëme ; *les Saisons*, avec J.-B. Rousseau, parolier ; *Jason* ou *la Toison d'Or*, avec Pic seul ; *la Naissance de Vénus*, avec La Motte et Canente.

Colasse, ayant quitté l'Opéra, obtint le privilége d'une Académie de musique à Lille ; il la fonda à ses dépens, mais bientôt un incendie brûla son entreprise.

Dix mille livres lui furent accordées par Louis XIV en indemnité de ses pertes.

Cette somme fut consacrée, jusqu'à sa dernière pièce

de six livres, à la recherche de la pierre philosophale.

Colasse mourut en 1709, dans un état voisin de l'imbécillité, empoisonné par les vapeurs de ses combinaisons chimiques.

Il avait eu pour successeur au fauteuil de l'Opéra

MARAIS,

qui, né à Paris en 1656, célèbre violoniste, élève de Lulli pour la composition, était entré dans la musique du roi en 1685.

Marais a écrit quelques ouvrages, entre autres *Alcide*, en collaboration avec Lulli fils; *Ariane et Bacchus*, avec Saint-Jean, parolier; *Alcyone*, avec La Motte; *Sémélé*, avec le même. Il mourut, retiré du théâtre, en 1728, âgé de soixante-treize ans. Son remplaçant avait été

J. REBEL,

de Paris, un des vingt-quatre violons de la grande bande du roi et compositeur de la chambre de Sa Majesté.

Rebel a composé *Ulysse et Pénélope*, dont les paroles sont de Guichard.

Nous trouvons en 1710

LACOSTE,

qui n'a laissé pour souvenir de son passage à l'Académie que *Créuse l'Athénienne.*

Après lui vint

MOURET,

né à Avignon, qui, s'étant dès son enfance fait remarquer par son goût très-prononcé pour la musique et par des compositions heureuses, et très en vogue dans son pays, s'était déterminé, d'après des conseils amis, à se rendre à Paris, où il arriva en 1707. Un extérieur agréable, de l'esprit, de la gaieté, beaucoup d'originalité dans ses saillies provençales, une jolie voix, le firent rechercher de la bonne compagnie.

Bientôt il devint surintendant de la musique de la duchesse du Maine, puis musicien du roi.

Privé tout à coup de toutes ses places, Mouret perdit la raison. Ce fut pendant une représentation dans laquelle il entendit chanter le chœur de Rameau, *Brisons nos fers,* que sa folie se déclara. Il ne cessa de fredonner ce morceau jusqu'à sa mort, arrivée en 1738, chez les Pères de la Charité, à Charenton.

Mouret a musiqué *les Fêtes de Thalie,* de Lafont; *Ariane et Thésée,* de Lagrange-Chancel et Roy; *Piri-*

thoüs, de La Serre; *les Amours des dieux*, de Fuselier, et bien d'autres pièces encore.

F. FRANCŒUR ET REBEL

partagèrent, en 1733, les fonctions de batteur de mesure de l'Opéra, comme plus tard ils partagèrent la gérance et la direction.

Le premier, né à Paris, était surintendant de la musique du roi et décoré de l'ordre de Saint-Michel; il mourut à l'âge de quatre-vingt-neuf ans.

Le second, également de Paris, était élève de son père; à treize ans, il était admis à l'orchestre de l'Opéra. Il portait aussi le cordon de Saint-Michel, et, comme Francœur, il a été surintendant de la musique du roi; il décéda âgé de soixante-quatorze ans.

Ces deux chefs d'orchestre en partage étaient unis par la plus étroite amitié, qui, pendant le cours d'une longue carrière, ne s'est jamais démentie; ils ne se séparèrent jamais dans leurs entreprises ni dans leurs travaux; ils firent ensemble la musique de *Pyrame et Thisbé*, de *Carcis et Zélie*, de *Scanderberg*, de *la Paix*, de *les Augustales*, de *Zélindor, roi des Sylphes*, de *le Trophée*, de *la Félicité*, etc.

NIEL,

successeur des précédents, n'a pas laissé grande trace

de son séjour à l'Opéra, qui fut cependant de cinq années ; il a signé un seul ouvrage, en collaboration avec Bonneval, parolier, *les Romans*.

CHÉRON,

après avoir battu la mesure en sous-ordre dès 1734, fut nommé chef d'orchestre en 1749. Un an après, il fut remplacé par

LAGARDE.

Ce chef d'orchestre est-il en même temps le chanteur compositeur dont parle M. Fétis dans sa biographie ? Nous l'ignorons ; tout ce que nous savons, c'est que son règne ne fut que d'une année.

DAUVERGNE,

surintendant de la musique du roi, lui succéda en 1751, et garda le fauteuil jusqu'en 1755.

Dauvergne semble être le premier compositeur d'opéras-comiques à l'imitation des intermèdes italiens. L'ouvrage qu'il a laissé avait pour titre *les Troqueurs* ; il en reste un duo syllabique qui, de nos jours encore, produirait beaucoup d'effet.

Dauvergne, né à Clermont-Ferrand le 4 octobre 1713, mourut à Lyon le 12 février 1797.

AUBERT

l'avait remplacé en 1755 : entré comme violoniste à l'orchestre de l'Opéra en 1731, à l'âge de onze ans, il fut, comme son père, chef des premiers violons, et, en cette qualité, suppléant du premier chef d'orchestre; il fut nommé premier chef en 1755, et en conserva le titre pendant quatre années. Il vivait encore en 1798, et jouissait d'une pension de 1,000 francs sur la caisse de l'Opéra.

BERTON (PIERRE MONTAN),

à l'âge de six ans, lisait la musique à première vue; à douze, il avait déjà composé quelques motets. En 1744, il débuta à l'Opéra dans l'emploi des basses; il y resta deux ans. N'ayant pu vaincre sa timidité naturelle, il partit pour Marseille, où il tint pendant deux autres années le même emploi en second. Renonçant définitivement au chant, il alla à Bordeaux en qualité de chef d'orchestre. A ce moment de sa vie, il commença à écrire des airs de ballets, qui eurent beaucoup de succès; il cumulait les fonctions d'organiste et directeur de concerts.

La place de chef d'orchestre de l'Opéra étant devenue vacante en 1759, Berton se présenta au concours, et l'emporta sur ses rivaux, puis, bientôt, abandonna sa position de chef d'orchestre pour celle de directeur, ayant Trial pour associé.

Berton voulut prendre sa retraite en 1778, mais deux ans après il redevint de nouveau directeur de l'Opéra. Cette rentrée lui fut fatale. A la reprise de *Castor et Pollux*, qui eut lieu le 7 mai 1780, l'ancien chef d'orchestre voulut diriger lui-même l'exécution de l'œuvre; la fatigue qu'il ressentit lui causa une maladie inflammatoire, dont il mourut quelques jours après.

FRANCŒUR (LOUIS-JOSEPH),

neveu de Francœur (François), naquit à Paris le 8 octobre 1738; son oncle le fit entrer comme violon à l'orchestre de l'Opéra lorsqu'il n'était âgé encore que de quatorze ans. En 1764, il fut nommé second maître de musique de l'Opéra; trois ans après, il succéda à Berton, qui en était le premier, et qui venait d'être nommé directeur; il conserva son titre jusqu'en 1776, époque à laquelle il fut nommé directeur en chef de l'orchestre. Après avoir été maître de musique de la chambre du roi, il en devint le surintendant. Appelé à la direction de l'Opéra en 1792, il fut arrêté comme suspect en 1793, et ne sortit de prison que le 9 thermidor.

Retiré des affaires artistiques, Francœur passa les dernières années de sa vie près de son fils, géomètre des plus distingués, qui lui fit obtenir une pension de l'empereur Napoléon Ier.

Francœur mourut le 10 mars 1804.

REY (JEAN-BAPTISTE),

né à Lauzerte (Tarn-et-Garonne) le 18 décembre 1734, entra à l'abbaye de Saint-Sernain en qualité d'enfant de chœur: il y apprit la musique, à l'âge de dix-sept ans, et obtint au concours la place de maître de chapelle de la cathédrale d'Auch. Des discussions qu'il eut avec le chapitre de cette église le firent renoncer à la maîtrise; il accepta alors la place de chef d'orchestre du théâtre de Toulouse.

Jusqu'à l'âge de quarante ans, Rey remplit successivement les mêmes fonctions à Montpellier, Marseille, Bordeaux et Nantes. Il était dans cette dernière ville lorsque la renommée de son habileté dans la conduite des orchestres le fit appeler à Paris, en 1776, pour régénérer celui de l'Opéra. D'abord adjoint à Francœur (Louis-Joseph), il succéda à ce dernier, en 1781, dans la place de premier chef d'orchestre.

En 1792, il fut nommé membre du comité d'administration de l'Opéra, et le décret qui organisa définitivement le Conservatoire le désigna comme un des professeurs d'harmonie de cette école.

En 1802, l'attachement que témoigna Rey à Lesueur, pendant les querelles de ce dernier avec le Conservatoire, le fit exclure de cet établissement. Sa nomination de maître de la chapelle de Napoléon Ier le consola de ses disgrâces. Le sort tranquille dont il jouissait fut troublé par la mort de sa fille; la douleur dont il fut frappé par cet événement le conduisit au tombeau le 15 juillet 1810. Rey a dirigé l'orchestre de l'Opéra pendant plus de trente ans, avec un talent dont avant lui il n'y avait pas eu d'exemple en France.

PERSUIS (LOUIS-LUC LOISEAU DE)

naquit à Metz le 21 mai 1769; fils d'un maître de musique de la cathédrale, il était devenu violoniste de grande force, lorsque, enchaîné par les charmes d'une actrice, il quitta sa ville natale pour aller à Avignon, où il exerça la profession de maître de violon.

Venu à Paris en 1787, il entra bientôt à l'orchestre de l'Opéra, où il resta peu de temps, n'ayant pu s'entendre avec Rey, qui en était le chef.

Après la mort de ce dernier, en 1810, Persuis fut nommé son successeur.

Devenu directeur de l'Opéra le 1er avril 1817, il réalisa toutes les espérances que l'on avait mises en lui; mais, atteint d'une maladie de poitrine, il mourut le 20 décembre 1819, âgé d'un peu plus de cinquante ans.

Membre de la chapelle du premier consul, il avait été créé plus tard maître de musique de la chapelle du roi, et avait obtenu, après la mort de Lesueur, le titre de surintendant.

Quelque temps avant sa mort, le roi Louis XVIII l'avait nommé chevalier de l'ordre de Saint-Michel, lui accordant en même temps une pension, dont la moitié était reversible sur la tête de sa femme.

Persuis a composé pour l'Opéra *Léonidas*, avec Gresnick ; *le Chant de Victoire en l'honneur de Napoléon*, *l'Inauguration de la Victoire*, avec Lesueur ; *le Triomphe de Trajan*, avec le même ; *Jérusalem délivrée*, *le Chant français*, *l'Heureux retour*, avec Berton et Kreutzer ; *les Deux Rivaux*, avec Spontini.

Persuis a fait plusieurs ballets ; les principaux sont : *Ulysse*, *Nina*, *l'Épreuve villageoise* et *le Carnaval de Venise;* ce dernier, avec Kreutzer pour collaborateur.

KREUTZER (RODOLPHE),

né à Versailles le 16 novembre 1766, était fils d'un musicien de la chapelle du roi. Dès l'âge de cinq ans, il montra des dispositions surprenantes pour le violon. Élève d'Antoine Stamitz, ses progrès tinrent du prodige.

A treize ans, il fit entendre son premier concerto ; comme compositeur et exécutant, il fut couvert d'applaudissements.

Ce fut en 1817 que, après avoir succédé à Rode comme violon-solo de l'Opéra, après avoir été second chef d'orchestre, il en devint le directeur suprême. Entré en 1802 dans la chapelle du premier consul, il fit partie plus tard de la musique particulière de l'empereur Napoléon, et devint ensuite maître de la chapelle de la maison du roi.

Kreutzer fut nommé en 1824 chevalier de la Légion

d'honneur, et passa dans la même année de la direction de l'orchestre de l'Opéra à celle générale de la musique.

En 1826, il fut admis à la retraite. Voici la liste de ses principaux ouvrages : *la Journée de Marathon, Astyanax, Aristippe, la Mort d'Abel, Antoine et Cléopâtre, l'Oriflamme*, avec Méhul et Berton ; *la Princesse de Babylone, la Servante justifiée, Clary, Ipsiboé, Mathilde.*

Kreutzer mourut le 6 janvier 1831 ; depuis plus de dix ans, il avait cessé de jouer du violon, à la suite d'une chute dans laquelle il avait eu un bras brisé.

HABENECK (FRANÇOIS-ANTOINE)

naquit à Mézières le 1er juin 1781, d'un musicien de régiment, qui lui apprit à jouer du violon : après avoir suivi de ville en ville le régiment de son père, il passa plusieurs années à Brest, où il s'adonna complétement à l'étude de son instrument.

A l'âge de vingt ans, il vint à Paris, où il ne tarda pas à se placer au premier rang parmi les violonistes sortis de l'école de Baillot. En 1804, il obtint le premier prix de concours. Pensionné de 1,200 francs par l'impératrice Joséphine, qui l'avait entendu dans un solo, Habeneck arriva à l'orchestre de l'Opéra après avoir passé par celui de l'Opéra-Comique.

Nommé directeur de l'Académie royale de musique, il en remplit les fonctions pendant trois ans ; descendu de cette haute position, Habeneck occupa le fauteuil de chef d'orchestre, et, après la révolution de 1830, eut le titre de premier violon de la musique du roi.

Habeneck a laissé quelques morceaux, concertos, duos, quatuors, caprices et fantaisies. Il mourut à Paris, le 8 février 1849 ; mais déjà, depuis 1846, il avait été remplacé au fauteuil par

GIRARD (NARCISSE),

qui, né à Mantes (Seine-et-Oise), le 27 janvier 1797, fut admis au Conservatoire à l'âge de vingt ans. Après avoir obtenu le deuxième prix de violon (1819), Girard fut couronné du premier en 1820.

Nommé chef d'orchestre des Italiens en 1830, il passa en la même qualité, en 1837, au théâtre de l'Opéra-Comique, où il resta jusqu'en 1846, époque à laquelle il fut appelé à l'Opéra.

Frappé d'une attaque le 16 janvier 1860, pendant une représentation des *Huguenots,* qu'il conduisait, Girard fut transporté chez lui, où il expira dans la soirée.

DIETSCH,

né à Dijon en 1808, fut d'abord enfant de chœur dans la cathédrale de cette ville. En 1822, il vint à Paris et ne tarda pas à entrer à l'école de Choron, où il fut successivement professeur et accompagnateur. Admis au Conservatoire en 1830, il y étudia le contre-point sous la direction de Reicha; en même temps, il obtint la place de maître de chapelle de Saint-Eustache, et se fit connaître par des compositions empreintes d'un caractère grave et solennel. Plus tard chef du chant des chœurs de l'Opéra, il était à Lyon pour y conclure un engagement avec un artiste, le jour de la mort de Girard.

Il fut immédiatement rappelé par dépêche télégraphique.

Le bâton de chef d'orchestre lui ayant été proposé à son retour, Dietsch accepta.

Brutalement révoqué de ses fonctions en juillet 1863, son règne ne dura que trois ans et demi.

Dietsch, avant sa promotion, avait fait pour l'Opéra la musique du *Vaisseau fantôme*, deux actes joués en novembre 1842.

Comme son prédécesseur Girard, Dietsch est mort d'apoplexie au mois de février 1865. Il était maître de chant et organiste de l'église de la Madeleine. Il avait eu pour remplaçant

GEORGE HAINL,

né à Issoire le 16 novembre 1807, fils d'un père fait prisonnier en 1792, et exerçant en même temps la profession de cordonnier, de maître de musique et de ménétrier.

Que de fois le chef d'orchestre actuel de l'Opéra, venant en aide au chef de la famille, n'a-t-il pas fait danser en plein vent! Que de fois n'a-t-il pas précédé des noces en jouant du violon dans sa ville natale! Il n'en était pas plus fier; ses camarades de collége se moquaient de lui, mais, à la fin de la journée, c'était six francs qu'il rapportait à la maison.

En 1824, il suivit sa famille à Saint-Étienne, où il entra au lycée pour y terminer ses études. Il n'y resta pas longtemps, et, sans consulter ses parents, s'engagea, comme chef d'orchestre de vaudeville, dans une troupe enfantine de comédiens ambulants.

Neuf mois après, il en avait assez d'une vie errante et d'une position peu rétribuée; et, en passant par Lyon, il regagna Saint-Étienne. C'est là seulement qu'il lui fut dit qu'une place de violoncelliste était vacante au théâtre des Célestins de Lyon. Aussitôt il se met au travail; huit jours lui suffisent pour apprendre à jouer d'un instrument qui lui était à peu près inconnu : il quitte de nouveau Saint-Étienne, arrive dans le chef-lieu du département du Rhône, demande et obtient la place sans titulaire.

Bientôt, des Célestins, le violoncelliste improvisé passe à l'orchestre du Grand-Théâtre de Lyon.

En 1829, George Hainl vint au Conservatoire de Paris. Couronné du premier prix, il rêvait gloire et fortune, lorsqu'il fut obligé, pour vivre, d'accepter la place de violoncelliste au théâtre de l'Ambigu-Comique.

Il occupa successivement la même position aux Nouveautés, à l'Opéra-Comique et aux Italiens. Il retourna à Lyon, revint à Paris, voyagea pendant trois années en France, en Belgique, en Hollande, en Angleterre et en

Allemagne. Partout son nom acquit une grande célébrité.

Revenu à Lyon en 1841, escorté cette fois de sa réputation, la place de chef d'orchestre du Grand-Théâtre lui fut offerte.

Ses débuts furent des plus orageux; une cabale de musiciens jaloux et routiniers mit tout en œuvre pour le décourager. George tint bon, et par sa fermeté, par les réformes qu'il apporta dans l'orchestre, sut imposer silence à ses ennemis.

Par une exception unique, George Hainl fut nommé en 1849 membre de l'Académie des sciences, belles-lettres et arts de Lyon; jamais musicien n'y avait été honoré d'une pareille distinction.

Il tenait depuis vingt-trois ans le bâton du commandement musical dans la même ville, lorsque, de passage à Paris, il y fut retenu par l'Académie impériale de musique, sans chef d'orchestre depuis la veille.

Le grand succès obtenu par George Hainl à l'Opéra le désignait naturellement à l'élection de la société des concerts du Conservatoire; il en fut nommé directeur le 10 janvier 1864.

« Deux fois seulement dans ma vie j'ai été accompa-
« gnée à mon entière satisfaction : la première fois à
« Leipzig, par un orchestre que dirigeait Mendelssohn,
« et la deuxième fois à Lyon, par l'orchestre que con-
« duisait George Hainl, » a dit et écrit madame
« Pleyel.

Cet aveu, sous une pareille plume, me paraît concluant. Mon article se terminera dans le style de ces pierres tumulaires que, de leur vivant, certains bourgeois se font faire à l'avance.

George Hainl monta au fauteuil de l'Académie impériale de musique le 24 juillet 1863; il l'occupa jusqu'en... 8....

Diable! si George Hainl allait nous en vouloir de ce 8!

FORTES CHANTEUSES ET CANTATRICES LÉGÈRES.

Ne dirait-on pas que ces appellations, *fortes* et *légères*, avec leur triple sens applicable au talent, au moral et au physique, ont été inventées pour les besoins de mon titre?

En effet, parmi les chanteuses dont je vais détacher le médaillon, plusieurs, comme artistes, n'auraient guère le droit de figurer dans la galerie. Elles ont été à l'Opéra, voilà tout leur mérite et le point de départ de leur célébrité tapageuse.

Mais, de même que le talent, le vice est personnel; et celui-là n'a pas plus à souffrir du voisinage de celui-ci que celui-ci ne profite du contact de celui-là. Il est bien entendu encore que, n'ayant nullement l'intention de faire le *dictionnaire universel de l'Opéra* pour les chanteuses, danseuses, chanteurs et danseurs, je n'ai pris que le dessus du panier.

MADEMOISELLE DE CASTILLY

fut la première actrice qui psalmodia sur la scène de l'Académie royale de musique. Elle débuta dans *Pomone*.

Mademoiselle de Castilly était noble, et ce fut sans déroger que, comme plusieurs artistes plus tard, elle entra à l'Académie, en vertu de lettres patentes, accordées par Louis XIV à l'abbé Perrin, dont un article était ainsi conçu :

« Nous voulons et nous plaît que tous les gentils-
« hommes et damoiselles puissent chanter auxdites pièces
« et représentations de notre Académie royale, sans que
« pour ce ils soient censés déroger audit titre de noblesse,
« ni à leurs priviléges, droits et immunités. »

La carrière artistique de mademoiselle de Castilly ne fut pas de longue durée. Elle eut pour remplaçante

MADEMOISELLE BRIGOGNE,

qui créa le rôle de Climène dans *les Peines et les Plaisirs de l'amour*.

La réussite de la chanteuse fut si complète, que ses appointements furent portés à 1,200 livres par an, et que le nom de *petite Climène* lui fut donné par ses admirateurs.

MADEMOISELLE AUBRY,

premier sujet, était, elle, si peu rétribuée qu'elle en était réduite à partager la chambre et le lit de sa camarade,

MADEMOISELLE VERDIER

pas mieux rémunérée du reste, qui débuta, à peine âgée de quinze ans, dans *Atys*, où elle jouait le rôle de Flore. Mademoiselle Verdier resta quarante-cinq ans à l'Opéra, cinq ans de moins que la ci-devant femme de chambre d'Henriette d'Angleterre,

MADEMOISELLE DE SAINT-CHRISTOPHE,

qui parfit sa cinquantaine de service, toujours en possession de la plus grande faveur. Il est vrai que la musique de Lulli n'a rien de commun avec celle de Meyerbeer.

MADEMOISELLE PIESCHE

était vouée au rôle de Vénus, qu'elle représentait dans toutes les pièces de son époque ; il lui fut enlevé par

MADEMOISELLE FERDINAND,

qui lui succéda dans l'emploi des *nudités*.

MADEMOISELLE LOUISON MOREAU,

moins célèbre et surtout bien moins jolie que sa sœur,

MADEMOISELLE FANCHON MOREAU,

n'est guère connue que par l'erreur qui la substitua à cette dernière dans un rendez-vous galant demandé par le dauphin, fils de Louis XIV.

En 1702, Fanchon Moreau quitta l'Opéra, et entra dans un couvent avec une pension de 1,500 livres que lui fit le roi. Sa vocation n'était pas définitive, car en 1708 elle était marquise de Villiers.

Je n'inscris que pour mémoire

MADEMOISELLE DESMATINS,

qui, ayant débuté par la danse, trouvera ailleurs sa biographie.

MADEMOISELLE MARTHE LE ROCHOIS

parut dans *Proserpine*, en 1680. Son début fut un triomphe. Mademoiselle Le Rochois était loin d'être jolie ou belle.

Ce fut pour dissimuler la maigreur de ses bras qu'on inventa les manches *Amadis*, que l'actrice exhiba dans l'opéra de ce nom. Lulli, directeur de l'Académie royale, faisait un jour à sa pensionnaire des reproches au sujet d'une rotondité de taille par trop prononcée. Mademoiselle Le Rochois, pour toute réponse, montra un valet de pique, au dos duquel était signée une promesse de mariage par un musicien de l'orchestre.

L'acte ne parut pas suffisamment en règle au directeur, qui chassa brutalement l'actrice. Les choses cependant purent s'arranger, car mademoiselle Marthe Le Rochois ne quitta définitivement l'Opéra qu'en 1698, c'est-à-dire après plus de dix-huit années de service.

MADEMOISELLE MAUPIN,

aussi connue par sa vie romanesque, ses aventures étranges que par son esprit, sa beauté et son talent, importa au théâtre l'emploi de contralto.

Mademoiselle Maupin débuta par le rôle de Minerve

dans *Cadmus et Hermione*. Elle excita un enthousiasme qui fut porté au paroxysme par un effet de chevelure préparé et peut-être répété d'avance. Plus tard, elle créa, avec un immense succès, dans *Tancrède*, le rôle de Clorinde, écrit spécialement pour sa voix.

MADEMOISELLE SOURIS AINÉE,

communément appelée *la Souris*, fut mise à la mode par ses relations intimes avec le duc d'Orléans, régent de France.

Le duc de Richelieu, croyant devoir se venger des contrariétés qu'éprouvait son amour pour Mademoiselle de Valois, voulut jouer un tour de sa façon au père de son adorée. Un soir donc que la Souris assistait à une fête donnée pour elle, aux frais du duc de Richelieu, par l'acteur Thévenard, dans sa villa d'Auteuil, la figurante chanteuse fut enlevée.

Qui fut bien attrapé?

D'aucuns prétendent que ce ne fut pas le Régent.

MADEMOISELLE JOURNET,

arrivant par le coche de Lyon, débuta dans le prologue d'*Alceste*, et passa bientôt au premier rang.

Sa voix était pleine de charme, sa figure était empreinte de douceur; l'ensemble de sa personne rayonnait de noblesse.

Mademoiselle Journet, qui, pour la première fois, avait paru à l'Opéra en 1706, s'en retira en 1720.

MADEMOISELLE ANTIER,

également de Lyon, devint après ses débuts l'élève de mademoiselle Le Rochois, qu'elle remplaça dans l'admiration des fanatiques de cette célèbre artiste, réduite par l'âge au rôle de professeur.

MADEMOISELLE LE MAURE

débuta en 1724 dans *l'Europe galante*. Mal servie par son physique, elle possédait une voix splendide à laquelle elle savait donner les accents les plus passionnés.

Un soir, mademoiselle Le Maure, au milieu d'une représentation de *Jephté,* obéissant à je ne sais quelle idée, quitta la scène.

Conduite par ordre du roi au For-l'Évêque, elle y fut accompagnée galamment par l'intendant de la Généralité de Paris, Louis-Achille du Harlay.

L'emprisonnement de la chanteuse ne fut pas de longue durée; sur la demande de son directeur, les portes de sa prison s'ouvrirent, mais, une fois libre, elle refusa de paraître en public.

Pendant deux ans, mademoiselle Le Maure bouda l'Opéra, où elle rentra cependant, en imposant ses conditions.

Devenue baronne de Monbruel, elle quitta le théâtre en 1744.

A l'âge de soixante-huit ans, mademoiselle Le Maure consentit à chanter dans un concert donné rue du Faubourg-Saint-Honoré, dans la salle du Colisée. Son concours ne fut que de deux soirées. Le second jour, après avoir chanté un air, mademoiselle Le Maure en commença un autre, qu'elle ne put achever. Elle mourut en 1785, âgée de quatre-vingt-un ans.

MADEMOISELLE PÉLISSIER

avait la voix la plus sympathique, la taille la plus belle, la figure la plus ravissante qui se puissent trouver réunies. En outre, protégée par le juif Duliz, elle était la plus riche actrice de Paris.

Après la mort de mademoiselle Lecouvreur, mademoiselle Pélissier se rendit adjudicataire de la garde-robe et des bijoux de la tragédienne, au prix de 40,000 écus, et, sans s'arrêter aux exigences du rôle qu'elle avait à remplir, s'affubla chaque soir, pendant quelque temps, d'un costume nouveau. L'exhibition fit accourir tout Paris ; mais, lorsqu'elle fut terminée, Duliz réclama à mademoiselle Pélissier des diamants, qu'il prétendait lui avoir seulement prêtés pour faire nombre. Sur le refus de les rendre, que fit la belle, le juif soudoya un nommé

Joinville qui s'engagea à la défigurer au moyen d'une aspersion de vitriol.

L'exécution de la vengeance n'eut pas lieu ; Joinville, trahi par un confident qu'il avait pris forcément, fut arrêté, condamné et roué vif.

Duliz, en homme prudent, était passé en Hollande.

Mademoiselle Pélissier poussa la galanterie jusqu'à ses dernières limites. Le scandale fut si grand, que le directeur de l'Opéra, dans l'intérêt du troupeau dont il était le pasteur, crut devoir éloigner une brebis de qui l'immoralité pouvait être contagieuse pour ses compagnes. Bannie de l'Opéra, mademoiselle Pélissier passa en Angleterre, où l'attendait un fanatisme dépouillé de tout rigorisme, mais auquel l'arracha bientôt un ordre de Louis XV, chargeant son ambassadeur de négocier le retour à Paris de la chanteuse.

Plus opulente que jamais, mademoiselle Pélissier fit une rentrée triomphale à l'Opéra, qu'elle ne quitta définitivement qu'en 1747, pour mourir bientôt à l'âge de quarante-deux ans.

MADEMOISELLE PETITPAS

classa l'emploi de cantatrice légère ; on écrivit pour elle des airs dits à *roulades*.

Cette artiste était très-inflammable : un soir, chargée de remplacer mademoiselle Le Maure dans le rôle de Délie des *Fêtes grecques et romaines*, elle se trouva en présence de Jéliotte jouant Tibulle.

Le contact de ces deux chanteurs fut une explosion. Oubliant tout, le public, l'auteur et les personnages qu'ils représentaient, ils se substituèrent à ces derniers, jouèrent, se déclarèrent leur amour pour leur compte particulier, et, quand la minute du baiser que comporte le dénoûment de l'opéra fut arrivé, la salle entière applaudit frénétiquement à son ardente longueur.

Mademoiselle Petitpas était ouvertement protégée par le ministre des finances; sa fortune était considérable. Elle mourut à trente-trois ans, au moment de sa plus grande vogue, comme femme et comme artiste, dans l'hôtel de Bonnier de La Mosson, trésorier général des États du Languedoc, excommunié par l'évêque de Montpellier pour avoir conduit la chanteuse dans le domaine de sa juridiction ecclésiastique.

MADEMOISELLE ROTISSET DE ROMAINVILLE

s'engagea à l'Opéra à l'insu de sa famille, sous le nom de Rozaly.

Vainement son frère voulut-il réclamer la fugitive; il ne put arriver jusqu'à elle : l'Académie royale était un lieu d'asile inaccessible aux réclamations de ce genre; quiconque en avait franchi la porte était émancipé de droit.

Protégée d'abord par d'Argenson, mademoiselle Rozaly épousa, en 1752, le receveur des finances d'Amiens, M. Masson de Maisonrouge.

MADEMOISELLE CHEVALIER

remplaça mademoiselle Petitpas.

Renommée par la chasteté de ses mœurs, après avoir évincé tous les soupirants, elle devint la femme légitime de l'intendant du duc de Richelieu, Duhamel, avec qui elle ne vécut pas longtemps en bonne intelligence.

MADEMOISELLE MARIE DE FEL,

née à Bordeaux en 1716, était douée d'une belle voix, et surtout d'un savoir musical peu commun à cette époque. Entrée à l'Opéra en 1734, elle y resta jusqu'en 1759.

Au temps de ses succès, elle rendit fou d'amour ce pauvre Cahusac, qui mourut dans un cabanon, à Charenton.

MADEMOISELLE CLAIRON,

dite *Frétillon*, venant de la Comédie-Italienne, débuta à l'Opéra dans *Hésione*, par le rôle de Vénus, en 1742.

Voici, d'après les Mémoires qui portent son nom, l'histoire de l'apparition de cette artiste à l'Académie royale de musique :

« J'étais à Dunkerque ; le commandant de cette ville
« reçut un ordre du roi de me faire partir pour venir
« chanter à l'Opéra de Paris. J'avais une étendue de
« voix prodigieuse, et, quoique je ne fusse qu'une bien
« médiocre musicienne, et qu'on me fît doubler made-
« moiselle Le Maure, j'eus le bonheur de réussir ; mais
« je vis qu'il fallait si peu de talent à ce spectacle pour
« paraître en avoir beaucoup ; je trouvai si peu de mé-
« rite à ne suivre que les modulations du musicien ; le
« ton des coulisses de l'Opéra me *déplut si fort*, la mé-
« diocrité des appointements rendait la nécessité de
« s'avilir absolue à tel point, qu'au bout de quatre mois
« je fis signifier mon congé. »

O Clairon ! ceux qui prétendent que *Cléron* et *Clairon*
font deux ont-ils raison ?

MADEMOISELLE FIFINE,

simple choriste, jolie, mignonne et blonde, arbora franchement le deuil à la mort de Maurice de Saxe, en souvenir et en reconnaissance des vers que le maréchal lui avait adressés.

MADEMOISELLE SOPHIE ARNOULD,

chantant au Val-de-Grâce une leçon de ténèbres, avait, par sa voix, attiré l'attention de la princesse de Modène, qui parla à la cour de la merveille qu'elle avait découverte.

Admise à la chapelle du roi, la chanteuse passa bientôt, en 1757, à l'Opéra, où, âgée de treize ans, elle débuta avec un grand succès.

Plus tard, reine à la ville et au théâtre, dominant par son talent, sa beauté et son esprit la foule qui se pressait dans son hôtel ou à l'Académie royale quand elle chantait, mademoiselle Sophie Arnould eut un règne des plus brillants.

Voulant rompre avec le comte de Lauraguais des relations qui duraient depuis quatre ans, elle fit un jour atteler l'équipage qu'elle devait à sa libéralité, le remplit de tous les cadeaux qu'elle avait reçus de lui, y compris deux enfants, et adressa le tout à la comtesse, qui renvoya le chargement à l'expéditionnaire, moins les deux enfants, qu'elle adopta.

La brouille des deux amants ne fut pas toutefois de longue durée ; car, quelque temps après, se trouvant en rivalité avec le prince d'Hénin, dont les assiduités agaçaient Sophie Arnould, le comte de Lauraguais obtint, à la suite d'une consultation de quatre médecins, une ordonnance qui prescrivait à l'actrice une abstention complète du prince, à qui, par ministère d'huissier, l'acte fut signifié.

Sophie Arnould, par ses épigrammes, ses causticités, ses saillies spirituelles, s'était créé un monde d'ennemis, et surtout d'ennemies, qui attendaient avec impatience l'occasion de prendre une revanche ; aussi, du moment où, de par son prestige, la femme ne put plus s'imposer au public, il lui fallut songer à l'abdication. Son entrée en scène, depuis quelque temps, était chutée, sifflée, huée même. Sa voix, à la vérité, avait perdu tout son charme ; puis, Gluck étant à la mode et pour ainsi dire seul joué, mademoiselle Arnould n'était plus, par la nature de son talent, l'artiste de l'Académie royale, dont elle se retira en 1777, à peine âgée de trente-trois ans !

Tous les bons mots qui se sont dits dans le dix-huitième siècle ont été mis sur le compte de Sophie Arnould.

MADAME LARRIVÉE,

qui débuta sous son nom, mademoiselle Lemierre, scintillait à l'Opéra comme étoile de deuxième grandeur, à côté de la précédente ; sa voix était celle d'une chanteuse légère.

MADEMOISELLE CARTOU,

un moment millionnaire, était simple choriste à l'Opéra. Elle eut des relations princières, et en fut réduite, quand vint l'âge mûr, aux adorations d'un vieux laquais.

Mademoiselle Cartou avait été surnommée *la Rhodope moderne.*

MADEMOISELLE LAGUERRE,

placée d'abord au second plan comme chanteuse, eu d'énormes succès comme femme. Protégée par le duc de Bouillon, qui l'avait enrichie d'un seul don, elle excita bien des jalousies.

Voici deux couplets faisant partie d'une chanson fort goûtée à l'époque :

> *Bouillon est preux et vaillant,*
>   *Il aime la guerre ;*
> *A tout autre amusement*
>   *Son cœur la préfère.*
> *Ma foi, vive un chambellan*
> *Qui toujours s'en va disant :*
> *— Moi, j'aime la guerre, ô gué,*
>   *Moi, j'aime la guerre !*
>
> *Au sortir de l'Opéra,*
>   *Voler à la guerre,*
> *De Bouillon, qui le croira ?*
>   *C'est le caractère.*
> *Elle a pour lui des appas*
> *Que pour d'autre elle n'a pas.*
> *Enfin, c'est la guerre, ô gué !*
>   *Enfin, c'est la guerre !*

Mademoiselle Laguerre avait l'habitude, lorsqu'elle devait chanter, de se surexciter par l'absorption de quelques verres de vin de Champagne. Un soir qu'elle en avait bu plus que de coutume, elle ne put achever le rôle d'Iphigénie, qu'elle jouait. Lorsque l'ivresse fut passée, elle reçut l'ordre de se rendre au For-l'Evêque, d'où elle sortait pour faire son service à l'Opéra. Le régime claustral n'était pas bien sévère : billets doux, cadeaux, amoureux et galants, tout pouvait arriver jusqu'à la prisonnière, tout, hormis l'aï et le sillery, consignés à la porte.

Rendue tout à fait à la liberté, mademoiselle Laguerre fit les honneurs d'un magnifique souper, offert en réjouissance de cet heureux événement, et, séance tenante, prit l'engagement de ne jamais boire à l'avenir plus de treize coups de champagne dans le même repas, en mémoire de ses treize jours de captivité.

Lorsque mademoiselle Laguerre changeait de protecteur, elle avait pour habitude de liquider entièrement le passé par la vente immédiate de son mobilier, de ses bijoux, voire même de sa garde-robe. Elle ne voulait conserver aucun souvenir d'un amour éteint. Le nouveau venu avait la charge de remplacer dans son goût les objets vendus, dont la vue aurait pu lui rappeler qu'avant lui d'autres heureux avaient occupé la place.

Haudry de Soucy ayant sollicité la survivance du duc de Bouillon, mademoiselle Laguerre ne le prit pas en traître, et prévint le prétendant que, malgré son immense fortune, il n'en aurait pas pour deux ans.

Le fermier général ne recula pas devant la prédiction, et, deux ans après, jour pour jour, en même temps qu'il recevait le congé de la belle, il était déclaré en banqueroute.

Mademoiselle Laguerre mourut à vingt-huit ans. Le vin de Champagne est tout à fait innocent de cette fin prématurée.

MADEMOISELLE LEVASSEUR

avait débuté sous le nom de Rosalie, qu'elle abandonna parce qu'il avait été donné par Palissot à l'une des héroïnes de sa pièce, *les Courtisanes*.

Patronnée par le comte Mercy-Argenteau, mademoiselle Levasseur fut la rivale la plus redoutée de Sophie Arnould. Elle quitta le théâtre en 1785.

MADAME SAINT-HUBERTI (ANTOINETTE-CÉCILE CLAVEL, DITE),

après avoir chanté l'opéra pendant trois ans à Strasbourg, vint débuter à l'Académie royale, en 1777.

Elle joua dans *Armide* le rôle de Mélisse.

A voir la pauvre et jeune artiste venir chaque soir au théâtre à peine vêtue d'une méchante robe, personne ne se fût douté de la haute fortune artistique qui l'attendait dans l'avenir. Personne, excepté Gluck, qui, entendant une mauvaise plaisanterie, qui consistait à appeler madame Saint-Huberti *Mademoiselle la Ressource*, répondit :

— Oui, vous dites bien, la ressource de l'Opéra.

Ce fut le rôle de Didon, dans la pièce de Piccini, qui

porta la cantatrice au sommet de cette renommée qu'il est interdit de dépasser.

Madame Saint-Huberti n'était ni jolie, ni belle, dans le sens absolu de ces deux mots ; mais sa figure était expressive, sa taille élégante, sa démarche noble, son geste dramatique.

« Le talent de cette sublime artiste, dit Ginguené, prenait sa source dans son extrême sensibilité. On peut mieux chanter un air, mais on ne peut avoir une action plus dramatique, un silence plus éloquent. On se rappelle encore son terrible jeu muet, son immobilité tragique et l'effrayante expression de son visage, pendant la longue ritournelle du chœur des prêtres, dans *Didon*, vers la fin du troisième acte, et pendant la durée de ce chœur même. Elle ne fit dans les représentations que se replacer dans la position où elle s'était trouvée naturellement à la première répétition générale.

Quelqu'un lui parlait de cette impression qu'elle paraissait éprouver et qu'elle avait communiquée à tous les spectateurs. « Je l'ai réellement éprouvée, ré-
« pondit-elle ; dès la dixième mesure, je me suis sentie
« morte. »

Madame Saint-Huberti fut pour beaucoup dans la réforme apportée dans les oripeaux de théâtre dont on s'affublait alors. En toute occasion, la femme se sacrifiait à l'artiste pour arriver à la vérité du costume.

Quelques intrigues, des jalousies, l'absence de nouveaux rôles à créer, donnèrent à madame Saint-Huberti le dégoût de l'Opéra, avec lequel elle rompit en 1790.

pour suivre dans l'émigration le comte d'Entraigues, qui bientôt l'épousa.

Madame Saint-Huberti eut une mort des plus tragiques ; en 1812, elle fut assassinée dans le comté de Surrey, en même temps que son mari, par un domestique infidèle, qui, vendant la correspondance du comte à la police française, se brûla lui-même la cervelle au moment où ses trahisons allaient être découvertes.

L'intermédiaire qui, au nom de la police, avait acheté le domestique se donna la mort à son tour en se jetant par la croisée de son appartement.

Madame la comtesse d'Entraigues était décorée de l'ordre royal de Saint-Michel.

MADEMOISELLE GAVAUDAN

parut à l'Opéra en 1777. Ses débuts furent remarqués ; ce ne fut toutefois que cinq ans plus tard qu'elle parvint à sa haute réputation.

Mademoiselle Gavaudan garda sa position jusqu'en 1789, époque à laquelle la Révolution, arrivant à grands pas, l'effraya et lui fit prendre la fuite.

Elle mourut à Hambourg en 1805.

Une sœur de mademoiselle Gavaudan s'essaya sur la scène de l'Opéra, mais n'obtint aucun succès.

MADEMOISELLE DE BEAUMESNIL,

chanteuse légère, jouait les bergères, les nymphes et les dryades à côté de

MADEMOISELLE DUPLANT,

dont la taille imposante, les traits nobles, la voix solennelle, semblaient réservés par la nature à la représentation des déesses et des reines. Mademoiselle de Beaumesnil quitta l'Opéra en 1781, et mademoiselle Duplant en 1785.

MADEMOISELLE DURANCY,

transfuge de la Comédie-Française, était une tragédienne lyrique dans toute l'acception du mot. Elle mourut à trente-quatre ans, victime des trop violentes émotions que lui donnait son art.

MADEMOISELLE DURET

débuta à l'Opéra par le rôle de Colette du *Devin du village*. Cette artiste, engagée à 4,000 francs par an, somme assez élevée pour l'époque, laissa peu de traces de son passage à l'Académie.

MADEMOISELLE DOZON,

premier produit de l'École de chant et de déclamation se présenta à l'Opéra dans le rôle de Chimène.

On crut trouver en elle une rivale à madame Saint-Huberti, dont la royauté n'eut pas à souffrir de sa concurrence.

Mademoiselle Dozon resta pour le moment au second plan. Devenue plus tard madame Chéron, le rôle d'Antigone dans *Œdipe à Colone* la porta au rang suprême. Les fonctions de confiance que remplissait aux champs, avant son entrée au Conservatoire, mademoiselle Dozon, firent que cette artiste ne fut longtemps désignée que sous le nom de *Manon la Vachère*.

En 1800, Chéron et sa femme faisaient encore partie de l'Opéra.

MADEMOISELLE MAILLARD,

à qui madame Saint-Huberti donna des leçons, protégée par Papillon de la Ferté, intendant des menus plaisirs, voulut lutter avec son professeur. Le rôle de Didon lui fut donné par ordre.

Vigoureusement sifflée, elle fut obligée de céder. Ce n'est que par condescendance pour certain désir ministériel que madame Saint-Huberti consentit à reprendre le personnage. En 1792, mademoiselle Maillard avait pour spécialité un emploi qui n'existe plus aujourd'hui ; elle jouait les *Libertés*. Elle gagna peu à peu dans la faveur publique, et, après le départ de madame Saint-Huberti, elle passa au premier rang.

MADEMOISELLE SAINT-AUBIN,

venue de Lyon à l'appel de son mari, que madame Saint-Huberti, amoureuse de celui-ci, avait fait engager à l'Opéra, débuta en 1786 dans *Colinette à la cour*. Sa carrière ne fut pas de longue durée comme artiste de l'Académie royale. Ayant refusé de descendre par une gloire, dans le rôle de l'Amour, du cintre de l'Opéra, son engagement fut annulé ; l'Opéra-Comique eut tout le profit de cette résiliation.

MADEMOISELLE SCIO

remplaça, sinon dans la faveur publique, du moins dans l'emploi, madame Saint-Huberti. Peu de chanteuses ont dépassé le niveau de cette artiste lyrique.

MADEMOISELLE ROUSSELLOIS,

réputation de province, débuta avec succès en 1789.

Cette artiste est la grand'mère de madame Volnys, la *petite* Léontine Fay.

MADAME BRANCHU,

élève du Conservatoire, débuta brillamment, en 1798, dans *Antigone*, alors qu'elle n'était encore que mademoiselle Chevalier.

Ce fut par le rôle de Julie, de *la Vestale*, que cette chanteuse, sacrée grande artiste, mit le sceau à son immense réputation.

Madame Branchu resta à l'Opéra jusqu'en 1826.

Toutes ses créations furent des triomphes.

MADEMOISELLE GRASSARI

avait une belle voix, dont elle ne savait pas tirer tout le parti possible.

Elle se présenta au public par le rôle d'Antigone dans *Œdipe à Colone*.

Bien servie par son physique, mademoiselle Grassari, quoique placée au second rang, eut une carrière artistique des plus agréables.

MADAME DAMOREAU (LAURE CINTHIE MONTALANT),

après avoir chanté au Théâtre-Italien sous un nom orthographié pour la circonstance, fut engagée à l'Opéra en 1826. Elle y parut dans *Fernand Cortès*.

Elle avait vingt-cinq ans alors. Elle créa successivement *la Muette, le Comte Ory, Guillaume Tell, le Dieu et la Bayadère, Robert le Diable* (rôle d'Isabelle), etc.

C'est à Bruxelles que mademoiselle Cinti, brouillée pour un moment avec l'Académie royale de Paris, épousa le ténor Damoreau. A son retour au bercail, le haut rang que la grande chanteuse avait pris dans la faveur publique fit porter ses appointements, feux compris, à 60,000 francs, chiffre qui jusqu'alors n'avait jamais été atteint.

Madame Damoreau quitta l'Opéra en 1835 pour aller à l'Opéra-Comique, à des conditions plus avantageuses encore.

Après avoir renoncé au théâtre, madame Damoreau devint un des professeurs chefs d'école du Conservatoire. Elle mourut en 1862, laissant un nom auréolé de la plus pure gloire artistique.

MADAME DORUS,

qui épousa le violoniste Gras, débuta en 1830 par le rôle de la comtesse dans le *Comte Ory*.

Le nom de cette chanteuse se trouve mêlé à tous les grands succès de l'époque : *Robert le Diable, la Juive*, etc.

Madame Dorus chanta alternativement les deux rôles du chef-d'œuvre de Meyerbeer : Alice et Isabelle, la souplesse de sa voix se prêtant à ce tour de force.

MADEMOISELLE FALCON

parut, en 1832, dans le personnage d'Alice, de *Robert le Diable*.

Sa jeunesse, sa beauté, la puissance et le timbre de sa voix, son jeu dramatique, tout plaidait en faveur de l'artiste ; aussi son succès fut-il des plus brillants.

Elle créa magnifiquement *Gustave III*, *la Juive*, *les Huguenots*, etc., etc.

Au milieu de ses triomphes, mademoiselle Falcon fut atteinte d'une maladie qui nécessita un voyage en Italie.

Son absence dura plus de deux ans.

En 1840, mademoiselle Falcon fit une rentrée à l'Opéra. A peine en scène, surexcitant jusqu'au paroxysme l'enthousiasme de la salle entière, la chanteuse fut prise d'une défaillance.

Hélas ! trois fois hélas ! de cette voix splendide, naguère tant applaudie, il n'existait plus que quelques notes isolées; de ce jeu qui impressionnait si vivement, il ne restait que l'ombre.

L'instrument divin avait perdu son âme, l'artiste sublime venait de dire un dernier adieu à l'Opéra.

MADEMOISELLE NAU

joua en 1836, pour ses débuts, le page Isolier du *Comte Ory* ; ensuite elle créa, d'une manière toute charmante, le rôle principal dans *le Lac des Fées;* puis, à côté de Duprez, chanta la *Lucia* francisée et les rôles légers du répertoire.

Après une excursion en province et un voyage en Amérique, ayant les bravos pour compagnons de route, mademoiselle Nau, jeune encore, renonça au théâtre pour se livrer au professorat.

MADAME STOLZ,

qui d'abord avait chanté en double plusieurs rôles du répertoire, créa *la Xacarilla.*

Mais c'est de *la Favorite* que date son règne.

La Reine de Chypre, Charles VI, écrits spécialement pour sa voix de contralto, furent son Capitole.

En 1846, elle trouva la roche Tarpéienne dans *Robert Bruce.*

Accueillie par de légers murmures à la première représentation de cet ouvrage, elle déchira à belles dents son mouchoir de dentelles, et jeta au public, *mezza voce*, quelques mots peu parlementaires.

Après une absence de sept ans, madame Stolz toucha de nouveau à l'Opéra, mais son passage ne fut pas de longue durée; sous une direction changée, elle ne retrouva pas dans le rôle de *la Favorite* ses bruyants succès du passé.

MADEMOISELLE HEINEFETTER (CATINKA)

débuta dans le personnage de Rachel de *la Juive*, en 1841. Elle a laissé peu de traces de son séjour à l'Opéra.

Poursuivie par la jalousie de madame Stolz, qui redoutait en elle une rivale, mademoiselle Heinefetter alla demander au théâtre royal de Bruxelles, une position plus hospitalière pour son talent. C'est à une circonstance scandaleuse qu'elle dut le grand bruit qui s'est fait autour de son nom.

MADAME VIARDOT,

de l'illustre famille des Garcia, fut engagée à l'Opéra en 1849, pour le rôle de Fidès, du *Prophète*. Grande artiste dramatique elle-même, elle avait été remarquée par Meyerbeer.

En 1861, madame Viardot fit une seconde apparition rue Le Peletier, où elle ramena Gluck et son *Alceste*.

MADEMOISELLE CASTELLAN,

comme la précédente, fut engagée spécialement pour le même *Prophète*; elle créa le rôle de Bertha, ce rôle redouté par tous les soprani.

MADEMOISELLE ALBONI

passa des Italiens au théâtre de l'Opéra ; elle y reprit le rôle de Fidès et celui de Léonore de *la Favorite* ; elle créa Zerline dans *la Corbeille d'oranges,* où sa voix fit des merveilles de fioritures et de légèreté.

Mademoiselle Alboni a épousé le comte Pepoli, un des plus célèbres *paroliers* de l'Italie.

MADAME LABORDE,

dont le talent et la voix flexible avaient été fort applaudis en Belgique, vint prendre, en 1850, l'emploi de cantatrice légère à Paris.

Après un séjour de huit années à l'Opéra, madame Laborde, sollicitée par des engagements avantageux, s'est dirigée vers des contrées lointaines. Le succès l'a suivie partout.

MADEMOISELEE POINSOT,

élève de Duprez et servie par un organe des plus étendus, débuta en 1851.

Mademoiselle Poinsot fut d'un grand secours pour

l'Opéra ; elle chanta tour à tour presque tous les rôles du répertoire moderne : Alice, Valentine, Berthe, Rachel, etc., etc.

MADAME TÉDESCO,

belle et grande artiste, s'empara en troisième du rôle de Fidès et se plaça au niveau de ses illustres devancières.

Après quelques années d'absence, madame Tédesco est revenue en 1860 à l'Opéra, où elle retrouva ses premiers succès.

Ayant fait sa rentrée par *le Prophète*, elle joua *la Favorite*, *Herculanum*, *le Trouvère*, et créa *le Tanhauser*, que les abonnés ne voulurent pas entendre.

MADEMOISELLE DUSSY,

premier prix de chant au Conservatoire, débuta dans l'emploi des pages, qu'elle abandonna bientôt pour prendre les rôles de chanteuse légère.

La voix de mademoiselle Dussy avait beaucoup de charme et de justesse.

Si je parle au passé, c'est que, pour se marier, mademoiselle Dussy a renoncé à l'Opéra.

Elle se nomme aujourd'hui madame Harranger.

4.

MADEMOISELLE CRUVELLI,

dont le nom allemand s'écrit Cruvell, fit accourir tout Paris à une reprise des *Huguenots*.

Cantatrice éminente, actrice des plus dramatiques, mademoiselle Cruvelli touchait 100,000 francs d'appointements.

Un jour, Paris consterné apprit que sa grande chanteuse s'était enfuie pour je ne sais quel procédé dont elle croyait avoir à se plaindre. L'absence ne fut pas longue, et l'affiche bientôt annonça *les Huguenots*, avec la belle fugitive dans le rôle de Valentine.

Jamais applaudissements plus frénétiques n'accueillirent une artiste, et si la salle ne croula pas, lorsque Marguerite, au premier acte, s'adressant à Valentine, lui chanta :

Dis-moi le résultat de ton hardi voyage,

c'est que le théâtre provisoire de la rue Le Peletier est encore plus solide qu'on ne pense.

Mademoiselle Cruvelli créa *les Vêpres siciliennes*, dont elle fit le succès.

Le mariage mit fin également à la carrière artistique de mademoiselle Cruvelli, devenue madame la baronne de Vigier.

MADAME BOSIO,

talent hors ligne, voix splendide, eût fait réussir *Luisa Miller* si la chose eût été possible ; elle chanta *Moïse* en grande artiste. En quittant la France, madame Bosio contracta un engagement pour la Russie, dont le climat inclément lui donna la mort.

MADEMOISELLE WERTHEIMBER

a fait plusieurs courtes apparitions à l'Opéra ; nature intelligente, jeu dramatique, voix remarquable, tout, dans cette chanteuse, eût dû la fixer pour longtemps au théâtre par excellence.

MADAME LAFON,

devancée par une grande réputation acquise en province, vint en demander la consécration à Paris.

Elle fut des mieux accueillies dans *la Juive* et *la Favorite*.

En 1858, lors d'un voyage que je fis en Italie, je retrouvai au théâtre de la Scala madame Lafon faisant dans *il Trovatore* les délices des Milanais.

MADAME BORGHI-MAMO

eut, en 1856, un début des plus brillants dans *la Favorite;* jamais le dernier acte de cet ouvrage n'a été aussi merveilleusement chanté que par cette artiste; dit par elle, ayant pour partenaire Roger, le duo final excitait des transports d'enthousiasme.

Madame Borghi-Mamo prit ensuite le rôle d'Azucena dans *le Trouvère,* qu'elle avait chanté en italien, et créa le rôle de Mélusine dans *la Magicienne,* d'Olympia dans *Herculanum.*

Madame Borghi-Mamo et l'Opéra se séparèrent en 1860; ls eurent, je crois, tort tous les deux.

MADAME GUEYMARD,

étant encore madame Deligne, débuta sous son nom de famille, Lauters.

Acceptée par Verdi pour remplir le rôle de Léonor dans *le Trouvère,* que de larmes amères la charmante artiste n'a-t-elle pas versées aux rudes observations du maestro bourru pendant les répétitions de l'œuvre! Mais le succès n'est jamais trop chèrement acheté.

A la première représentation, la débutante, par sa voix métallique et pure comme le son que rendrait un marteau d'argent frappant sur un timbre d'or, produisit un effet magique.

Madame Gueymard était d'emblée le premier soprano de l'Opéra. Elle a créé les rôles importants de : *la Magicienne, Herculanum, Pierre de Médicis, la Reine de Saba, Roland à Roncevaux;* elle a chanté *la Favorite, les Huguenots.* Toutefois, la musique de Meyerbeer n'est pas celle qui convient le mieux au talent et à la voix de cette chanteuse.

Ayant répété jusqu'à la veille de la représentation affichée le rôle d'Alice, l'épreuve définitive, dans l'intérêt général, parut au moins inutile. L'engagement de madame Gueymard la lie encore pour plusieurs années à l'Opéra.

MADAME BARBOT,

que les principales scènes départementales avaient applaudie, vit se confirmer, par l'arrêt parisien, le jugement provincial.

Grande fut la réussite de la chanteuse dramatique dans *les Huguenots;* le quatrième acte fut un triomphe.

La voix de madame Barbot, subissant une transformation, est descendue des fioritures du chant léger aux notes graves du mezzo soprano. Le talent de l'actrice a eu doublement à faire.

Après *les Huguenots*, madame Barbot a chanté *la Favorite* et *les Vêpres siciliennes;* puis, après un voyage en Italie, s'est laissé tenter à son tour pour la Russie.

MADEMOISELLE SAX...E (SASS...E),

qui s'est affublée d'un E faux pour plaire à un fabricant d'instruments, avait fait ses premières armes dans un café-chantant. Elle arriva à l'Opéra après avoir passé par le Théâtre-Lyrique.

Ses débuts dans Alice de *Robert le Diable* promirent tout ce que la chanteuse a tenu depuis.

Le rôle de Sélika, dans *l'Africaine,* que lui a légué par testament Meyerbeer, l'a mise au faîte de la réputation : mademoiselle Sasse est aujourd'hui la clef de voûte de l'Opéra ; par droit de conquête et de mariage, elle a joint à son nom celui de Castelmary.

MADAME VANDENHEUVEL DUPREZ,

héritière d'un grand nom, n'a pas failli à la tâche qui lui était imposée ; elle a chanté avec grande perfection toutes les reines et princesses du répertoire, dans *Robert le Diable, les Huguenots, la Juive, Guillaume Tell.* Si, dans ce moment, elle n'est pas à l'Opéra, elle y reviendra, gardez-vous d'en douter.

MADEMOISELLE MARIE BATTU,

fille et élève d'un homme de talent, pendant quinze ans second chef d'orchestre à l'Opéra, entendue par Meyerbeer, fut désignée par le maestro pour le rôle d'Inès dans *l'Africaine*, qu'elle créa en grande artiste.

Avant *l'Africaine*, mademoiselle Battu avait chanté, aux applaudissements du public, *la Muette de Portici*.

MADEMOISELLE ROSINE BLOCH,

élève du Conservatoire, obtint les premiers prix du concours. Séance tenante, elle fut engagée à l'Opéra.

Après un début qui fut des plus heureux, son premier contrat fut annulé, et immédiatement remplacé par un nouveau à d'avantageuses conditions.

Mademoiselle Bloch a joué Fidès, dans *le Prophète*, Hedwige, dans *Guillaume Tell*, et a créé le rôle principal dans *la Fiancée de Corinthe*.

MADEMOISELLE MAUDUIT,

comme la précédente, élève du Conservatoire, où également elle eut de grands succès de concours, a débuté dans le rôle d'Alice de *Robert le Diable*.

Elle a chanté alternativement le rôle créé primitivement par madame Gueymard dans *Don Carlos* ; puis s'est produite avantageusement dans *Don Juan* et *la Fiancée de Corinthe*.

MADEMOISELLE NILSSON

est, au moment où j'écris, dans tout le rayonnement du triomphe qu'elle a trouvé dans le rôle d'Ophélie d'*Hamlet*.

TÉNORS, BARYTONS ET BASSES.

En inscrivant sous ce titre tous les chanteurs qui ont eu quelque renommée à l'Opéra, je sais bien que je donne à certains d'entre eux une dénomination qu'ils n'ont jamais eue ; mais, comme les *hautes-contre*, les *tailles* et *basses-tailles* correspondaient directement aux *ténors, barytons* et *basses*, sauf les variations du diapason, j'ai accepté, pour être mieux compris, la classification moderne.

ROSSIGNOL,

basse, malgré son nom, créa le rôle de Faune dans *Pomone*, et

BEAUMAVIELLE,

baryton, celui de Vertumne, dans le même ouvrage.

CLÉDIÈRE,

chargé de la partie de *ténor*, assez sacrifiée, à cette époque de l'enfance de l'art, à l'Opéra, les femmes ayant pour ainsi dire le privilége du chant gracieux, Clédière, bientôt même, fut relégué au deuxième plan, dans un emploi déjà secondaire, par le cuisinier

DUMÉNIL,

qui débuta en 1677, dans *Isis*.

C'était au moyen de six bouteilles de vin de Champagne, la maison Cliquot n'existant pas encore, que Duménil se procurait, chaque fois qu'il chantait, les forces nécessaires pour aller jusqu'à la fin de l'œuvre.

« Il est indigne, dit de Freneuse, qu'un maraud ose paraître sur le théâtre, ne pouvant se soutenir, ou changeant la dignité d'un spectacle en farce ou bouffonnerie par des postures, un badinage ridicules, comme faisait tous les jours Duménil. Nos maîtres d'opéra devraient y tenir la main avec plus de rigueur qu'ils ne le font. Les opéras d'Italie, où chaque acteur est toujours attentif, exact, l'emportent sur nous en cela.

« Nous leur ôterons cet avantage quand nous voudrons. Il suffira d'interdire le vin aux hommes, et les hommes aux femmes, les jours d'Opéra. Ce sont là deux grandes sources de toutes les distractions et de toutes les impertinences de nos acteurs et de nos actrices. »

D'après cela, Duménil n'aurait pas été le seul chanteur s'étant fait de l'ivresse une ignoble habitude. Nous en trouvons, du reste, de nombreuses preuves.

Duménil, ayant un goût très-prononcé pour les bijoux, rubans et colifichets de femme, mettait toutes ses camarades à contribution.

Après avoir perdu sa voix, Duménil n'eut plus de raison pour se contenter des six bouteilles accoutumées. Il but tant qu'il en mourut.

THÉVENARD

parut 1675 dans le rôle de Tircis de *la Grotte de Versailles*. C'était un baryton.

« Thévenard, dit encore de Freneuse, avait l'air noble, sa voix était sonore, moelleuse, étendue; il grasseyait un peu; mais, par son art, il trouvait le moyen de faire un agrément de ce défaut. Jamais musicien n'a mieux entendu l'art de chanter. C'est à lui que l'on doit la manière naturelle et coulante de débiter le récitatif sans le faire languir, en appuyant sur les tons pour faire valoir sa voix. Je citerai par exemple le récitatif de Phinée, dans l'opéra de *Persée* :

Que le ciel pour Persée est fécond en miracles!...

« Thévenard était un tiers de temps de moins que Beaumavielle à chanter ce beau récitatif, parce qu'il faisait plus d'attention à la déclamation suivie et coulante que demande le récitatif qu'au soin de faire valoir sa voix par des sons nourris et emphatiques, ainsi qu'il était en usage parmi nos anciens acteurs.

« Thévenard faisait un plaisir infini à entendre chanter dans la chambre, et surtout à table. C'était un goût de chant cavalier, noble et merveilleux ; aussi, tout ce qu'il y avait de grand parmi la belle jeunesse était charmé de le posséder. Il était robuste, et faisait presque tous les jours de très-longues séances à table ; le vin coulait en abondance dans son gosier, ce qui fortifiait sa voix. Il a suivi ce régime, dont il s'est bien trouvé, pendant cinquante ans. Il en a passé quarante à l'Opéra ; il prit sa retraite en 1730, avec une pension de 1,500 livres.

« Thévenard était sujet à se prendre de belles passions, ce qui lui réussissait fort bien. Il en donna la preuve la plus singulière, quoiqu'il eût soixante ans passés. Une jolie pantoufle, qu'il vit sur la boutique d'un cordonnier, le rendit tout à coup amoureux d'une demoiselle qu'il n'avait jamais vue. Il la découvrit enfin, et fut assez heureux pour obtenir sa main par le moyen d'un oncle de la jeune fille, grand buveur de profession comme lui. Cinq ou six douzaines de bouteilles de vin de Bourgogne, vidées tête à tête dans leur conseil, le firent parler avec tant d'éloquence et d'une manière si pathétique à sa sœur, mère de la demoiselle, qu'elle finit par l'accorder à Thévenard. »

Ce fut également dans *la Grotte de Versailles* que débuta le ténor favori de Louis XIV,

BOUTELOU,

qui, à chaque instant emprisonné pour ses excentricités et ses dettes, avait, pendant ses captivités, une table de six à douze couverts, à son choix, servie aux frais du roi, de qui émanait bientôt l'ordre d'élargissement.

GAYE,

comme Duménil et Boutelou, faisait partie de la chapelle de Louis XIV. Il chantait les basses, doublant Rossignol. C'est lui, toutefois, qui créa le rôle d'Hiérax dans *Isis*.

LAFORÊT

possédait une magnifique basse; mais, malgré les conseils et les leçons de Lulli, qui écrivit pour lui différents rôles, celui de Polyphème de *Acis et Galatée* entre autres, cet artiste ne parvint jamais à se façonner aux manières du théâtre.

Le ténor

ATTO,

au contraire, avait une voix si persuasive, un air si galant que, plus d'une fois, Mazarin l'employa pour des négociations des plus délicates auprès des souverains.

Atto était attaché à la musique de la chambre du roi,

MURAIRE

débuta en 1717 ; sa voix de ténor était des plus puissantes.

Pour quelques méfaits galants, ce chanteur fut exilé de l'Opéra et envoyé en pénitence à Avignon.

DE CHASSÉ,

seigneur du Ponceau, abandonna son régiment en 1721 pour s'engager à l'Opéra. Quand il parut, en 1728, dans *Bellérophon*, jouant Annisadar, Thévenard était surpassé, et bientôt oublié complétement, comme homme et comme acteur.

Deux femmes, une Française et une Polonaise, eurent entre elles un duel dont de Chassé était la cause et l'enjeu. La Française, blessée, fut, après guérison, renfermée dans un couvent. Quant à la Polonaise, elle avait été respectueusement accompagnée jusqu'à la frontière.

A la suite de cette affaire, de Chassé s'était sentimentalement condamné à rester chez lui, où il recevait les compliments de ses amis et amies. Ça fit scandale, et le duc de Richelieu vint de la part du roi lui signifier de mettre fin à cette comédie.

« Dites à Sa Majesté, répondit le baryton, que ce n'est « pas ma faute, mais celle de la Providence, qui m'a fait « l'homme le plus aimable du royaume. » — « Apprenez, « faquin, que vous ne venez qu'en troisième ; je passe « après le roi, » reprit le duc en s'en allant.

De Chassé était non-seulement un chanteur, mais encore un comédien, un artiste.

De 1738 à 1742, de Chassé quitta l'Opéra : en quatre années, sa voix avait subi de graves altérations ; son jeu avait perdu de son énergie, et quand il reparut dans *Issé*, le public ne retrouva plus son Hilas d'autrefois.

C'était toujours le grand seigneur, mais ce n'était plus l'acteur-chanteur.

Avez-vous entendu Chassé
Dans la pastorale d'Issé ?
Ce n'est plus cette voix tonnante ;
Ce ne sont plus ces grands éclats ;
C'est un gentilhomme qui chante,
Et qui ne se fatigue pas !

De Chassé partageait le goût qu'avaient, pour la boisson et la bonne chère, ses devanciers Thévenard et Duménil. Il était âgé de soixante-seize ans lorsqu'il fut invité, sur le désir manifesté par madame Dubarry, à venir chanter devant Louis XV et sa favorite, l'un et l'autre tellement enthousiasmés que, séance tenante, le roi demanda à l'artiste de reprendre le rôle de Roland pour les fêtes qui se préparaient à l'occasion du futur mariage du comte d'Artois.

De Chassé s'engagea, mais, la corvée étant au-dessus de ses forces, il ne put tenir sa promesse.

COCHEREAU,

charmant ténor, est surtout connu par la folle passion qu'il inspira à Louise-Adélaïde d'Orléans, fille du Régent.

Un soir que l'acteur était en scène, filant une phrase sentimentale : « Oh, mon cher Cochereau ! » s'écria la princesse, assistant à la représentation aux côtés de sa mère.

Deux ou trois jours après, l'amoureuse trop expansive entrait à l'abbaye de Chelles, dont, quelques années plus tard, elle devint la supérieure.

TRIBOU

avait succédé à Muraire ; mais ce n'est qu'en 1724, qu'il s'empara du premier rang. Viveur émérite, ce ténor facétieux, ayant une faveur à demander au Régent, lui présenta un placet qu'il déclama en vers, chanta en musique et dansa en ballet. Il obtint ce qu'il désirait.

« La mort de mademoiselle Lecouvreur, dit Barbier dans son Journal, est arrivée dans des circonstances assez particulières. Il y a trois ou quatre mois, on a conté qu'un abbé (mis à la Bastille pour cette affaire) avait écrit à la Lecouvreur qu'il était chargé de l'empoisonner, suivant les uns, au moyen d'un bouquet, suivant les autres, avec des biscuits, mais que la pitié lui faisait donner cet avertissement. On réveille à présent cette histoire, et on ne soupçonne pas moins que la duchesse de B..., fille du prince..., qui est folle de Tribou, acteur de l'Opéra, quoiqu'elle eût pour amant le comte de C... Mais il faut que ce dernier souffre cela. On dit que Tribou aimait beaucoup la Lecouvreur, et que voilà la querelle. »

Tribou eut pour successeur immédiat

JÉLIOTTE,

qui quitta la cathédrale de Toulouse, où sa voix lui avait fait une grande renommée, pour venir en 1733 débuter à l'Opéra.

Jéliotte n'avait pas une tournure des plus galantes, mais, lorsqu'il chantait, tous les spectateurs, hommes et femmes, subissaient son charme.

Dans la vie privée, ce chanteur par excellence avait toutes les allures d'un gentilhomme.

« Une chose m'étonne, et je n'y comprends rien, dit madame d'Epinay dans ses Mémoires, Jéliotte, fameux chanteur de l'Opéra, s'est installé chez madame de Jully pendant l'hiver dernier; il a un ton, une aisance à laquelle je ne me fais point. Je sais qu'il y a nombre de bonnes maisons où il est reçu; mais cela m'est toujours nouveau, et, quand il perd vingt louis au brelan, je suis surprise qu'on les accepte. Il est réellement d'une société fort agréable; il cause très-bien, il a de grands airs, sans être fat; il a seulement un ton au-dessus de son état. Je suis persuadée qu'il le ferait oublier, s'il n'était forcé de l'afficher trois fois par semaine. »

Jéliotte était musicien consommé. *Zéliska* fut mis en musique par lui et joué avec un très-grand succès à la cour, en 1745, lors du mariage du dauphin.

En 1755, Jéliotte fit ses adieux au public, qui l'acclama jusqu'au dernier moment. Sept ans plus tard, 24,000 francs lui ayant été offerts pour chanter vingt-quatre fois *Daphnis et Alcimadura*, opéra écrit en languedocien, et dans lequel il avait triomphé jadis, le ténor refusa.

Jéliotte mourut en 1782 dans son château de Navailles, près d'Oleron, âgé de soixante et onze ans.

LARRIVÉE

débutait à l'Opéra dans *Castor et Pollux*, le soir même de la dernière représentation de Jéliotte, prenant la place importante qu'avait précédemment occupée de Chassé. Ce chanteur, qui était tout simplement un garçon perruquier, qu'une toux sonore et accusant une forte poitrine avait révélé un jour qu'il accommodait Rebel, directeur de l'Opéra, fut l'acteur de prédilection de Gluck et tint pendant trente-deux ans l'emploi de baryton.

Tous les Oreste, les Hercule, les Agamemnon, les Roland, les dieux, les rois et les héros *barytonnants* du répertoire d'alors ont été créés par Larrivée, qui mourut en 1802 au château de Vincennes.

LEGROS

fit son apparition en 1764, dans *Titon et l'Aurore*, quand depuis neuf ans l'Opéra était privé d'un premier ténor.

En effet, Jéliotte n'avait eu que des successeurs, mais, jusqu'à ce moment, pas un héritier. Legros possédait une voix puissante, étendue et d'un timbre ravissant; de belle prestance, de figure agréable, il était, lors de ses débuts, d'une certaine froideur, que les conseils de Gluck lui firent bientôt perdre.

Comme la plupart de ses camarades, avant d'affronter la rampe de l'Opéra, Legros s'était fait entendre aux concerts spirituels donnés aux Tuileries pendant la quinzaine de Pâques.

Je trouve jusqu'en 1783 des traces du séjour de Legros à l'Opéra; cette époque passée, il n'en est plus question.

Après ce ténor vint le marchand des quatre saisons

LAINEZ.

Un jour de printemps que le tour des asperges était venu, et que le susdit négociant en légumes promenait sa marchandise dans la ville, l'annonçant par le cri traditionnel : « Bottes d'asperges, » il fut entendu par Berton, directeur de l'Académie royale de musique, qui le héla, lui fit chanter quelques couplets, et finalement lui proposa un engagement à l'Opéra.

Lainez débuta bientôt dans un fragment de *Théonis*.

Pas suffisamment décrassé, le ténor fut rendu à ses professeurs pour reparaître plus tard avec succès dans *Alceste*, remplaçant Legros.

Lainez créa bientôt après, avec un grand talent, le rôle de Polynice dans *Œdipe à Colone*.

Cet artiste fut très-utile à l'Opéra. En 1782, il chanta cent quarante et une fois, c'est-à-dire tous les jours de représentation, six ou huit exceptés, car il faut défalquer sur l'année théâtrale la fermeture du temps pascal.

La Révolution étant arrivée, Lainez, à qui les sans-culottes ne voulurent jamais pardonner l'expression qu'il donnait à l'air : *Chantez, célébrez votre reine,* dans *Iphigénie en Aulide,* fut obligé, pour sauver sa tête, de hurler à toute réquisition du peuple-roi *la Marseillaise* et autres hymnes dits patriotiques.

Lainez mourut en 1822, âgé de soixante et onze ans, à la suite de l'extraction de la pierre.

CHÉRON

était très-jeune lorsque, en 1778, il fut admis à l'Opéra.

Après la retraite de Larrivée, il prit tous les rôles écrits bas pour ce baryton, laissant à Lays ceux trop élevés pour sa voix. Il fut le vrai créateur de l'emploi de basse profonde.

Chéron était doué par la nature de toutes les qualités physiques propres au théâtre : son visage prenait dans sa teinte bronzée un caractère des plus dramatiques, et sa voix avait une telle force qu'une note poussée par lui dans un verre mettait le cristal en morceaux.

Outre ses appointements, fixés à 12,000 francs, il touchait une gratification de 11,000 francs.

Chéron, Lays et Lainez, formaient en 1799 un trio des plus remarquables chanteurs qu'ait réunis l'Opéra.

Ayant les mêmes émoluments, Lays et Lainez étaient gratifiés, le premier de 28,000 francs, le second de 5,000 francs.

Chéron prit sa retraite en 1808 ; sa représentation d'adieux se composait de *la Vestale* et de *Mirza*.

LAYS

se fit connaître à l'Opéra en 1779, par un air intercalé dans le ballet *la Provençale*. Le nom du jeune baryton s'écrivait alors Lay. Un *s* supplémentaire parut indispensable à l'euphonie du monosyllabe.

Lays prit l'année suivante le personnage du bailli dans *le Seigneur bienfaisant*, rôle dans lequel avait échoué, à la première représentation, l'artiste chargé de le créer. Lays, s'étant signalé par sa fougue révolutionnaire en 1793, se trouva fort compromis quand la réaction thermidorienne eut le dessus.

Vainement Lainez voulut-il protéger son camarade de sa popularité et l'accompagner, le tenant par la main, sur le devant de la scène, au moment où le *Réveil du peuple* était demandé au chanteur sans-culotte, il ne put parvenir à apaiser l'orage. Lays fut sifflé, hué, criblé de projectiles de toutes sortes, et lorsque, pour obéir au parterre, il entonna l'hymne anti-terroriste, il fut arrêté court, comme indigne de le chanter.

Ce fut Lainez qui, à la prière générale, le reprit au milieu d'un enthousiasme impossible à décrire.

Séminariste défroqué et mandé à Paris par ordre royal, Lays était loin d'être beau et distingué ; mais sa voix était d'une rare étendue et d'un timbre admirable.

Ce baryton quitta l'Opéra en 1823, après plus de quarante-trois ans d'un service des plus accidentés.

MOREAU

doubla Larrivée et plus tard Chéron.

Un soir qu'il remplaçait ce dernier, le public de mauvaise humeur l'accueillit mal.

— Ingrats! ingrats! dit, avec des larmes dans la voix,

aux spectateurs, l'artiste humilié de la réception. — J'irai en prison, je le sais, mais vous m'arrachez ce reproche.

— Non, vous n'irez pas en prison, s'écria la duchesse de Bourbon du bord de sa loge.

Malgré cette promesse formelle faite en public, Moreau n'en passa pas moins vingt-quatre heures à la Force; mais, comme indemnité de l'exigence de la bonne règle,

Dura lex, sed lex,

il reçut une gratification pécuniaire des plus convenables.

DELBOY

était chantre à la cathédrale de Toulouse (à cette époque, paraît-il, cette métropole était le Conservatoire de l'Opéra) lorsqu'il en fut appelé par ordre suprême pour venir débuter à l'Académie royale de musique.

La voix de ce ténor était si formidable, que le prince de Poix, qui s'était constitué son protecteur, paria contre le comte d'Artois, que, chantant la nuit sur les hauteurs de Montmartre, cet artiste serait entendu à Saint-Denis.

Deux mille louis étaient l'enjeu, gagné par le prince de Poix. Malgré son organe, Delboy ne put pas rester au premier plan. Sa prononciation par trop méridionale le fit descendre au tas des choristes.

C'était à l'église épiscopale de Noyon que

CHOLLET

était premier ténor quand il fut signalé par son prélat au ministre comme réunissant toutes les qualités désirables pour remplir le rôle de Calpigi dans *Tarare*.

Une lettre de cachet le manda immédiatement à Paris, et les études de l'opéra de Salieri commencèrent pour lui.

Tant que durèrent les répétitions partielles, tout alla pour le mieux ; le débutant, doué d'une belle voix, de beaucoup d'intelligence, entrait parfaitement dans l'esprit du personnage ; mais, lorsque la pièce suffisamment sue, morceaux par morceaux, arriva à la scène pour y être répétée généralement, la fièvre et le délire s'emparèrent de Chollet, qui se trouva dans l'impossibilité de jouer dans l'ouvrage.

Classé parmi les choristes, aux appointements exceptionnels de 3,000 francs (il fallait bien l'indemniser de la position qu'on lui avait fait perdre à Noyon), Chollet fit une remarquable création, en donnant le jour à son fils, une des illustrations de l'Opéra-Comique.

SAINT-AUBIN.

trouve l'histoire de son passage à l'Opéra mêlée à celle de madame Saint-Huberti, racontée ailleurs.

LEFÈVRE,

un des premiers élèves, par ordre d'inscription, bien entendu, de l'école de chant et de déclamation, chanteur du dernier rang à l'Opéra, était un des douze chefs de la garde nationale de Paris en 1793.

Profitant de l'importance que lui donnait son grade, il prenait d'autorité, selon son caprice du jour, les rôles qui lui convenaient.

Sifflé dans les ténors, il voulut se rattraper sur les basses : les huées le suivirent dans son nouvel emploi et malgré sa menace habituelle, *Gare la guillotine !* il paya continuellement au théâtre ses succès de terroriste à la ville.

ROUSSEAU,

qui créa, dans *Tarare*, le rôle de Calpigi, abandonné avant la première représentation par Chollet, fut une des victimes de Lefèvre à qui il fut obligé de céder la meilleure partie de son répertoire de ténor.

Rousseau eut un immense succès lors de la reprise d'*Orphée*, en 1797 ; il avait tout au plus trente-sept ans lorsqu'il fut emporté par une maladie.

CHARDINI

(lisez Chardin), depuis quelques années déjà, pensionnaire modeste de l'Opéra, se révéla par le rôle de Thésée, dans *Œdipe à Colone.*

Chardini mourut en 1794, à l'âge de trente-huit ans.

ADRIEN

chantait les premières basses.

Il jouait dans *Horatius Coclès*, lorsque, un pont s'écroulant, il fut précipité dans le deuxième dessous, avec la foule des choristes et des comparses, et au grand détriment de ses jambes.

Adrien prit sa retraite en 1804.

LOUIS DÉRIVIS

débuta, dans *les Mystères d'Isis*, par le rôle de Zarastro en 1803.

Élève du Conservatoire, et doué d'une voix de basse pleine et sonore, il fut des mieux accueilli.

Après le départ de Chéron, il devint le chef de l'emploi.

Louis Dérivis quitta l'Opéra en 1828, après vingt-cinq ans de service.

LOUIS NOURRIT

comme le précédent, produit du Conservatoire, parut également en 1803, dans le rôle de Renaud d'*Armide*.

Son succès fut grand : il eut cependant fortement à lutter contre Lainez, qui, arguant de ses trente ans de possession de l'emploi, réclamait tous les rôles d'amoureux ordinairement réservés aux ténors.

Il resta à l'Opéra jusqu'en 1826, c'est-à-dire pendant vingt-trois ans.

LAVIGNE

joua d'abord le personnage d'Achille dans *Iphigénie en Aulide*.

Ayant plus de voix que de talent réel ou acquis, cet artiste, pour sa commodité particulière, montait d'un ton la plupart de ses airs.

Un jour que, l'imagination exaltée par la rentrée que lui avait faite le public l'avant-veille, dans ce même rôle d'Achille, Lavigne, se croyant indispensable, prétexta une indisposition pour ne pas jouer le soir, à l'improviste il fut remplacé avantageusement par

LECOMTE,

qu'on trouva dans un café, après l'avoir cherché partout ailleurs.

Élève du Conservatoire, ce ténor avait débuté précédemment, en 1817, par le rôle de Renaud. Après avoir quitté l'Opéra, Lecomte fit partie plus tard, en 1824, de la troupe lyrique de l'Odéon.

LEVASSEUR,

encore du Conservatoire, prit pour ses débuts, en 1813, le rôle du pacha, dans *la Caravane*.

Je touche avec cet artiste à l'une des plus honorables et des plus brillantes carrières dramatiques. Le nom de Levasseur est écrit à la première page de tous les chefs-d'œuvre du répertoire moderne : *Moïse, le Comte Ory, Guillaume Tell, le Philtre, le Dieu et la Bayadère, Robert le Diable, la Juive, les Huguenots, la Favorite, le Prophète.*

Ce dernier ouvrage, par lequel rentra Levasseur, après une excursion artistique dans les départements, lui procura sa dernière création. Toujours escorté par le succès dans ses rôles sérieux et bouffons, il prit sa retraite en 1853.

ALEXIS DUPONT

subit sa première épreuve en 1818. Sa voix, fraîche et légère, fut fort goûtée et très-applaudie.

Ayant quitté l'Opéra, ce chanteur devint maître de chapelle et premier ténor de Saint-Roch.

DABADIE

parut en 1819, dans le rôle de Cinna de *la Vestale*.

Sorti du Conservatoire, ce baryton, après avoir chanté tout le répertoire de son emploi, créa le rôle de Pietro, dans *la Muette de Portici;* Rimbault, du *Comte Ory;* Guillaume Tell, du chef-d'œuvre de Rossini; le sergent, du *Philtre,* et bien d'autres rôles encore.

Dabadie resta à l'Opéra jusqu'en 1835.

ADOLPHE NOURRIT,

fils de Louis Nourrit, débuta avec éclat en 1821, dans *Iphygénie en Tauride*. Il joua bientôt *les Bayadères* et *les Danaïdes*. Son grand succès se confirma de plus en plus.

La ressemblance du fils et du père était si parfaite qu'on voulut en tirer parti dans une pièce, *les Deux Salem*, donnée en 1824.

Adolphe Nourrit créa successivement les principaux rôles de *la Muette, le Dieu et la Bayadère, le Comte Ory, Guillaume Tell, le Philtre, Robert le Diable, Gustave ou le Bal masqué, la Juive, les Huguenots*.

Il donna l'idée et écrivit lui-même les paroles des deux morceaux les plus importants de *la Juive* et des *Huguenots* : l'air du 4ᵉ acte du premier de ces opéras et l'inimitable duo du 4ᵉ acte du second de ces ouvrages.

Nourrit régnait en souverain à l'Opéra, lorsqu'il eut connaissance de l'engagement de Duprez. Sans se rendre un compte bien exact de la valeur réelle de son nouveau rival, il ne voulut pas accepter la lutte; il donna donc sa démission, et, le 1ᵉʳ avril 1837, il fit ses adieux au public parisien.

Après avoir parcouru en triomphateur les principales villes de France et de Belgique, Nourrit toucha Paris sans y chanter; puis alla donner des représentations à Milan, à Florence et à Naples. Dans cette dernière capitale, le chagrin noir qui lui cerclait le cœur, depuis son départ de l'Opéra, devint du désespoir. A la suite d'une représentation au bénéfice d'un acteur, à laquelle il avait contribué, pris de délire, il se précipita, par la fenêtre de son appartement, dans la cour de l'hôtel qu'il habitait.

La mort fut instantanée.

De tous les ténors que jusqu'à ce jour a possédés l'Académie, avant comme après lui, Adolphe Nourrit a été le plus artistiquement complet, comme splendeur de voix, pureté de méthode, justesse de jeu et convenance physique.

Seize jours après la dernière représentation de Nourrit,

DUPREZ

débutait dans le rôle d'Arnold de *Guillaume Tell*.

D'abord étonnés, les spectateurs furent bientôt éblouis, subjugués par la puissance de l'organe, la largeur du style du nouveau ténor : la manière ample dont il disait le récitatif était une innovation. Une nouvelle école de chant était née.

Avant d'arriver à l'Opéra, Duprez était passé par le Théâtre-Français, où il avait chanté dans les chœurs d'*Athalie*; par l'Odéon, où il avait joué le rôle d'Ottavio dans *Don Juan*; par l'Opéra-Comique, deux fois, où il avait été à peine utilisé.

C'est après un second voyage en Italie, lorsque, porté par le succès, il était parvenu au premier rang, que les portes de l'Académie de musique s'ouvrirent pour lui.

Le Duprez, retour de Naples, n'avait rien de commun avec le Duprez de l'Opéra-Comique et de l'Odéon.

Une énergique volonté, un travail incessant, une foi inébranlable avaient transformé l'artiste ; un miracle s'était fait en dehors de la nature.

Duprez, je ne l'en rends pas responsable, fut mal

servi par ses créations; une seule est restée au répertoire : *la Favorite*. Il apporta, il est vrai, à l'Opéra, cette pauvre *Lucia di Lamermoor*, qui, traduite en français, balaye de sa robe écossaise, depuis 1846, les planches du théâtre, servant de lever de rideau à toutes les œuvres chorégraphiques anciennes et nouvelles, bonnes et mauvaises. Le rôle d'Edgardo avait été écrit pour lui, et par lui créé à Naples.

Ce fut donc dans les reprises de *Guillaume Tell*, à qui il donna une deuxième vie, de *la Juive* et des *Huguenots* que Duprez trouva ses grands succès et se fit une immense réputation.

Il prit congé de l'Opéra par un spectacle à son bénéfice, le 14 décembre 1849.

Depuis, deux ou trois fois, le grand artiste a reparu, en des circonstances solennelles, notamment le soir de la représentation d'adieux de Roger.

LAFOND,

qu'on avait déjà entendu dans le rôle de Polynice d'*Œdipe à Colone*, aborda en 1828 le personnage de Mazaniello dans *la Muette de Portici*, il créa Raimbaud dans *Robert le Diable*, Léopold, de *la Juive*.

Lafond se retira en 1839.

FERDINAND PRÉVOT

débuta en 1824 dans *Anacréon chez Polycrate*. Son long séjour à l'Opéra y fut plus utile que brillant.

MASSOL,

d'abord ténor, se présenta au public en 1825. Après une absence de plusieurs années, il rentra comme baryton à l'Opéra, où il resta jusqu'en 1858. La date de sa représentation d'adieux, 14 janvier, est tristement mémorable par l'attentat d'Orsini!

PROSPER DÉRIVIS,

fils de Louis Dérivis, débuta en 1831 par le rôle de Pharaon, dans *Moïse*. La voix de cet artiste était assez étendue dans les cordes moyennes et basses pour lui permettre de chanter alternativement Bertram et Guillaume Tell.

MARIÉ,

en dernier lieu baryton, avait, comme Massol, débuté dans les ténors.

Le rôle d'Eléazar, dans *la Juive*, l'avait fait connaître en 1840.

Ce n'est pas au cabaret, ainsi qu'on l'eût fait pour ses devanciers Thévenard et Duménil, que l'administration ayant besoin de lui, envoyait chercher son pensionnaire; mais sur les bords de la Marne, où, la ligne à la main, celui-ci attendait le goujon.

Je parle au passé, et j'ai peut-être tort à moitié, car si le pêcheur n'existe plus, ce que j'ignore, l'artiste vit toujours, je le sais.

ALIZARD

débuta en 1837 par le rôle de Saint-Bris, des *Huguenots*.

Cette basse, d'un grand talent, d'une voix puissante et sympathique, avait pris une place importante à l'Opéra.

Une attaque d'apoplexie vint briser une carrière brillamment commencée. Alizard mourut à Marseille, jeune de trente-quatre ans.

MARIO,

comte de Candia, fut accueilli avec la plus grande faveur lorsque, sous la tunique de Robert, il se soumit, en 1838, aux débuts de l'artiste. Son séjour à l'Opéra, toutefois, ne fut que de trois années. L'Italien s'ennuyait en France;

et, par les froids de 1841 à Paris, pleurait son ciel bleu de Nice. Il proposa à son directeur, qui l'accepta, la résiliation de son engagement.

Vingt-deux ans plus tard, Mario fit une rentrée à l'Opéra dans le rôle de Raoul des *Huguenots*... Chut! n'en disons rien.

BARROILHET,

de l'école française italianisée, se révéla par la création du rôle d'Alphonse dans *la Favorite*, en 1840.

Ce baryton eut pendant quelques années, à côté de madame Stolz, tous les rôles importants d'hommes dans le répertoire improvisé pour cette chanteuse : *la Reine de Chypre, Charles VI, Dom Sébastien.*

Faute de s'entendre avec ses directeurs, Barroilhet se retira de l'Opéra en 1848, beaucoup trop tôt pour l'artiste et pour le public.

POULTIER,

jeune Rouennais, tonnelier de son état, parut dans le rôle de Guillaume Tell en 1841. Sa voix y fut trouvée charmante. Mais ce fut dans le rôle de Mazaniello, de *la Muette de Portici*, et surtout dans l'air du sommeil, qu'il obtint le succès populaire qui l'accompagna plus tard dans ses pérégrinations provinciales.

OBIN

chanta d'abord le rôle du gouverneur dans *le Comte Ory*. La voix, le talent, le physique de ce chanteur lui concilièrent du premier jour toutes les sympathies des spectateurs.

Depuis 1844, époque des débuts d'Obin, son importance, comme créateur de rôles, n'a fait que s'accroître. *Les Vêpres siciliennes, Herculanum, Pierre de Médicis, l'Africaine* l'ont mis au premier rang des grands artistes.

GUEYMARD

débuta en 1848 par *Robert le Diable*. Élève de l'école lyonnaise, Lyonnais lui-même, doué d'une belle voix qu'il n'a pas besoin de surmener, et qu'il sait même ménager en tournant ou supprimant des difficultés, il est depuis dix-sept ans le ténor de fondation de l'Opéra.

Tous les rôles du grand répertoire ont été interprétés par lui : il a créé *Jeanne la Folle, la Magicienne, Pierre de Médicis, la Reine de Saba, Roland à Roncevaux*; il a chanté *la Muette, Guillaume Tell, Robert le Diable, les Huguenots, la Juive, Herculanum, le Trouvère, le Prophète*.

Un engagement, ayant encore quelques années à courir, lie Gueymard à l'Académie de musique.

ROGER

fut choisi par Meyerbeer pour chanter le rôle de Jean de Leyde du *Prophète*.

Le ténor bien-aimé de l'Opéra-Comique aborda courageusement le grand répertoire à la salle Le Peletier, le 16 avril 1849.

Après avoir quitté pendant quelque temps l'Opéra, Roger y rentra bientôt, chanta alternativement, et toujours avec un grand succès, *Lucie, la Favorite, les Huguenots, le Prophète, Herculanum,* dont il créa magnifiquement le rôle d'Hélios.

L'engagement de Roger touchait à sa fin lorsque le ténor, chassant en son château de Lalande, eut le bras droit fracassé par la décharge de son fusil, dont le chien s'abattit au passage d'un buisson.

A peine remis de l'amputation nécessitée par l'accident, Roger prit congé de l'Opéra par une représentation à son bénéfice, composée de divers fragments d'ouvrages. Le bénéficiaire, accueilli par des applaudissements qui durèrent dix minutes, chanta, pris d'une émotion que partageait la salle entière, le premier acte de *la Dame blanche* et le quatrième acte de *la Favorite*.

CHAPUIS

parut en 1851. Cet artiste avait une belle voix, qui fut peu utilisée à l'Opéra. Un soir que, par extraordinaire, ce ténor chantait *le Prophète*, au moment même où il commençait l'air :

Roi du ciel et des Anges....

un militaire prussien se fit sauter la cervelle d'un coup de pistolet, dans une loge de deuxième de face.

Le spectacle n'en continua pas moins.

Il y a plus de douze ans que Chapuis est parti pour aller passer six mois en Italie.

COULON

débuta par le rôle de Balthasar, de *la Favorite*, en 1853.

La voix de cet artiste était forte et profonde, mais avait besoin d'être assouplie par un constant travail.

Averti, toujours au dernier moment, du personnage qu'il était appelé à représenter le soir, en remplacement d'un chef d'emploi subitement indisposé, il ne lui arriva jamais de jouer deux fois de suite dans le même ouvrage.

Ne voyant pas s'améliorer sa position, Coulon quitta l'Opéra en 1861.

BOULO,

après avoir chanté les ténors légers dans les principales villes de la province et à l'Opéra-Comique, fut engagé à l'Académie en 1853.

Dans la position modeste qui est faite à l'emploi de ténor léger dans les grands opéras, Boulo, jusqu'en 1860, époque de son départ, rendit les plus grands services.

BONNEHÉE

parut en 1853; il joua tous les rôles du répertoire des barytons.

La première création qui lui incomba fut celle des *Vêpres siciliennes*. Plus tard, il fut remarqué dans *le Trouvère, la Magicienne, Pierre de Médicis*.

Sa réputation était faite.

Après neuf ans d'un travail des plus actifs, Bonnehée a renoncé à la musique française pour s'adonner complétement au chant italien.

BELVAL,

venant de Lyon, débuta en 1855 par le rôle de Bertram dans *Robert le Diable*.

Cet artiste possède une voix des plus égales dans toutes ses notes, et des plus profondes.

Ses créations dans *la Magicienne, Roland à Roncevaux* et *l'Africaine* l'ont porté au sommet dans l'estime des compositeurs et du public.

Il a le monopole de certains rôles dont les *fa* en contrebas ne lui sont pas disputés.

RENARD

parut en 1856 dans le rôle d'Eléazar de *la Juive*.

Comme un engagement le liait au théâtre de Lyon, ce ne fut que l'année suivante que ce chanteur, dont la voix chaude avait conquis tous les suffrages, devint définitivement pensionnaire de l'Opéra, où il resta jusqu'en 1861.

CAZAUX,

que je fus entendre à Lyon, bientôt confisqué par l'Opéra, préluda par le rôle de Guillaume Tell en 1859.

La place que Cazaux a su se faire à Paris donne raison à l'administration qui s'était emparée de cet excellent artiste.

MICHOT,

transfuge du Théâtre-Lyrique, se présenta par le rôle de Fernand de *la Favorite*. Bien accueilli, il chanta *Lucie* ensuite *le Trouvère* et *Alceste*.

Son engagement, arrivant à son terme en 1863, n'a pas été renouvelé.

FAURE,

artiste de grande attraction à l'Opéra-Comique, fut engagé en 1861 à l'Opéra, où il débuta par le rôle d'Alphonse de *la Favorite*.

Le succès ne l'a pas abandonné un instant. Sa création dans *l'Africaine* a mis le sceau à sa réputation.

DULAURENS,

dont l'Opéra, après le départ de Renard, avait le plus pressant besoin, paya un dédit de 30,000 francs à son directeur de Strasbourg pour venir immédiatement occuper la place vacante.

Cet artiste fut d'une grande utilité, chantant tour à tour les grands rôles du répertoire, tels que *Robert le Diable* et *Guillaume Tell*, et les ténors légers, comme Alphonse de *la Muette* ou Léopold de *la Juive*.

Non réengagé à l'expiration de son bail, Dulaurens est aujourd'hui le premier ténor de la province.

VILLARET,

chantant Guillaume Tell en société d'artistes amateurs dans une ville du Midi, fut entendu par un célèbre avocat de Paris, qui, à son retour, parla au directeur de l'Opéra d'un ténor qu'il croyait avoir découvert.

Accompagné de son professeur, sur le conseil qui lui fut donné, Villaret vint à Paris. Une audition lui fut aussitôt accordée, après laquelle un engagement fut signé. On se souvient du succès qui accueillit l'artiste dans *Guillaume Tell* et *la Juive*.

NAUDIN,

qui a débuté dans *l'Africaine*, sous la haute recommandation, ou plutôt sous l'exigence de Meyerbeer, avait toute la voix nécessaire pour chanter Vasco de Gama.

DAVID,

venant des grandes villes de la province, a débuté dans Bertram de *Robert le Diable*. Il tient l'emploi laissé vacant par le départ de Coulon.

DEVOYOD,

porteur d'un nom bien connu à la Comédie-Française, fut engagé à l'Opéra, après un concours au Conservatoire où il avait obtenu tous les prix. Il débuta avec un grand succès dans le rôle de Nelusko, de *l'Africaine*; succès qui s'est confirmé dans *la Muette de Portici*.

COLIN,

à sa sortie du Conservatoire avait été engagé à Marseille, d'où, bientôt désigné par le bruit qui se faisait autour de son nom, il fut appelé par l'Opéra. Cet artiste y débuta dans *Don Juan,* et créa dans *Hamlet* le rôle de Laërte.

DANSEUSES ET BALLERINES.

MADEMOISELLE LA FONTAINE

est la première danseuse de profession qui ait paru sur la scène de l'Opéra.

Son début, qui se fit le 16 mai 1681 dans *le Triomphe de l'Amour*, fut plus qu'un événement, une révolution presque.

Avant mademoiselle La Fontaine, quelques dames avaient figuré dans les ballets de la cour : c'étaient madame la Dauphine, la princesse de Conti, mademoiselle de Nantes; mais tous leurs rôles consistaient à réciter des vers, lorsqu'un acteur véritable ne les disait pas en leur lieu et place.

Les seules danseuses dont s'étaient contentés les spectateurs jusqu'à cette époque étaient des danseurs qui, sous un masque et des vêtements féminins, les formes arrondies par l'art et le coton, n'excitaient qu'un enthousiasme modéré.

Mademoiselle La Fontaine, la première des premières danseuses, l'unique en ce moment, reçut le titre de *Reine de la danse*.

A qui donc aurait-on pu donner cette dénomination ?

Trois coryphées, toutefois, escortaient la *Reine* : mademoiselle Lepeintre, mademoiselle Fernon et

MADEMOISELLE ROLAND,

qui, devenue premier sujet à son tour, épousa le marquis de Saint-Geniès.

Au temps de mesdemoiselles Sallé et de Camargo, une deuxième Roland occupa la scène, ainsi que le prouvent des vers que je citerai plus loin.

MADEMOISELLE DESMATINS

mourut chanteuse ; elle avait eu de grands succès comme ballerine, et c'est en cette qualité que sa célébrité avait commencé.

Ancienne laveuse de vaisselle à l'auberge du *Plat d'Étain*, mademoiselle Desmatins était physiquement la créature la plus accomplie qui se pût voir, mais son inintelligence égalait sa beauté.

Un jour que mademoiselle Le Rochois lui faisait répéter un rôle où une amante abandonnée adressait ses adieux à celui qu'elle adore :

— Pénétrez-vous bien de la situation, lui dit le professeur ; si vous étiez délaissée par un homme que vous aimeriez avec passion, que feriez-vous ?

— Je chercherais un autre amant, répondit mademoiselle Desmatins.

— En ce cas nous perdons toutes deux notre temps, répliqua mademoiselle Le Rochois, et la leçon en resta là.

Mademoiselle Desmatins se plaisait tant en ses habits de reine que, le soir, après le spectacle, elle recevait les invités à ses soupers dans son accoutrement de théâtre.

La bonne chère, à laquelle elle se livrait avec les exigences d'un appétit plein de sensualité, lui procura un embonpoint prématuré sous lequel disparurent tous ses charmes.

Trop tard elle essaya de l'abstinence et but du vinaigre ; elle ne parvint qu'à délabrer sa santé.

Elle tenta même, disent les chroniqueurs, une opération qui consista à se faire extraire des intestins neuf livres de graisse dont elle fit un emploi culinaire.

Je cite sans croire.

Ce n'en fut pas moins à la suite des expériences faites dans l'intention de maigrir, que mademoiselle Desmatins mourut en 1705.

MADEMOISELLE FLORENCE

fut une des maîtresses avouées du Régent.

Un archevêque naquit de ces relations amoureuses.

L'abbé de Saint-Albin, fils de Philippe d'Orléans et de mademoiselle Florence, et inscrit sous le nom de *Cauche*, valet de chambre du prince, occupa le siége de Cambrai.

MADEMOISELLE D'UZÉE

fut également une maîtresse du Régent.

MADEMOISELLE PRÉVOST

est la première danseuse qui ait exécuté un ballet pantomime avec Balon, comme elle artiste à l'Opéra.

La scène choisie fut la dernière d'*Horace*, de Corneille, mise en musique par Mouret.

La représentation eut lieu sur le théâtre de Sceaux, à la demande et sous les yeux de la duchesse du Maine.

L'effet produit fut immense. Les acteurs sur le théâtre, les illustres spectateurs dans la salle, tout le monde pleurait.

Le règne de mademoiselle Prévost dura jusqu'à l'avénement de mademoiselle de Camargo ; mais il me faut procéder par ordre.

MADEMOISELLE MAZÉ,

jolie figurante, ne devint célèbre que le jour de sa mort. Ruinée par le système de Law, elle se mit dans ses plus beaux atours, sans oublier le blanc, le rouge et les mouches, et, ainsi parée, alla se jeter à l'eau.

MADEMOISELLE ÉMILIE DUPRÉ

trouva la célébrité surtout dans ses relations intimes avec le Régent.

Le désintéressement honnête de cette danseuse était proverbial.

Le duc d'Orléans avait pour sa maîtresse la plus grande estime. En échange de la promesse qu'elle lui fit de n'avoir plus d'amant après lui, Philippe riposta par un serment de fidélité.

Mademoiselle Émilie Dupré a-t-elle tenu sa parole ? je n'en sais rien ; quant au Régent, je ne le crois pas.

MADEMOISELLE QUINAULT-DUFRESNE,

enrichie par Samuel Bernard, entretenue par le marquis de Nesle, protégée par le Régent, vraie fiancée du roi de Garbe, est enfin épousée par le duc de Nevers.

MADEMOISELLE GUYOT,

qui avait été accueillie avec beaucoup de faveur à l'Opéra, et qui un moment en fut la reine, changea bientôt de vocation et alla se renfermer dans un couvent.

MADEMOISELLE MARIE-ANNE CUPIS DE CAMARGO,

issue d'une noble famille espagnole, débuta à l'Opéra le 5 mai 1726, dans *les Caractères de la danse*.

Elle se heurta tout d'abord contre mademoiselle Prévost, alors dans tout l'éclat de sa réputation et de son pouvoir, qui fit placer la débutante parmi les comparses de la figuration.

Mademoiselle de Camargo ne se tint pas pour vaincue, et, un soir qu'un danseur manquait son entrée, elle s'élança sur la scène, et improvisa un pas qui porta à son comble l'enthousiasme de la salle.

Mademoiselle Prévost était éclipsée.

Mademoiselle de Camargo fut la première qui battit des entrechats à quatre.

Elle importa au théâtre l'usage des caleçons, qui bientôt furent l'objet d'une ordonnance de police, et plus tard remplacés par les maillots.

De Camargo, de Sallé, de Roland,
Maint connaisseur exalte le talent.
Sallé, dit l'un, l'emporte par la grâce,
Roland, dit l'autre, excelle en enjoûment,
Et chacun voit avec étonnement
Les pas hardis, la noble et vive audace
   De Camargo.

Entre les trois la victoire balance;
Mais, si j'étais le berger fabuleux,
Je ne sais quoi de grand, de merveilleux,
Me forcerait à couronner la danse
   De Camargo

Réclame qui voudra ces vers.

Maîtresse du comte de Clermont, prince du sang et propriétaire de six abbayes par droit de tonsure, mademoiselle de Camargo, pendant l'absence de son amant, que ses devoirs de lieutenant général des armées du roi avait emmené loin de Paris, ne voulut pas paraître sur la scène; elle ne reprit son service qu'au retour du prince.

Mademoiselle de Camargo quitta le théâtre en 1751, et mourut à Paris, en 1770, âgée de soixante ans.

MADEMOISELLE SALLÉ,

auteur chorégraphique et artiste de grand talent, était la rivale au théâtre de mademoiselle de Camargo.

> *Ah! Camargo, que vous êtes brillante!*
> *Mais que Sallé, grand Dieu, est ravissante!*
> *Que vos pas sont légers et que les siens sont doux!*
> *Elle est inimitable et vous êtes nouvelle!*
> *Les Nymphes sautent comme vous*
> *Et les Grâces dansent comme elle,*

dit M. de Voltaire, qui, ne croyant à rien, croyait à la vertu de mademoiselle Sallé; ce qui prouve qu'il faut absolument croire à quelque chose.

> *De tous les cœurs et du sien la maîtresse,*
> *Elle alluma des feux qui lui sont inconnus.*
> *De Diane c'est la prêtresse*
> *Dansant sous les traits de Vénus.*

Mademoiselle Sallé provoqua la réforme dans les costumes des danseuses; elle s'affranchit de l'usage des paniers.

Ce fut au théâtre de Covent-Garden de Londres qu'elle donna ses deux grands ballets pantomimes: *Pygmalion* et *Ariane*, qui plus tard furent rapportés à Paris, mais représentés à la Comédie-Italienne, les portes de l'Opéra leur étant restées fermées.

A une représentation donnée au bénéfice de mademoiselle Sallé, à Londres, les places furent prises d'assaut et l'épée à la main. La danseuse reçut, sous forme de papillotes, au milieu d'applaudissements frénétiques, une grêle de guinées enveloppées de billets de banque, ce qui fit monter la recette de la soirée à plus de 200,000 francs.

MESDEMOISELLES DUVAL DU TILLET

n'étaient connues, mais très-connues, que sous les noms de *la Constitution* et *Lebref*.

L'aînée était fille de Cornelio Bentivoglio, nonce du pape et grand promoteur de la constitution du clergé. De là lui venait son sobriquet.

C'était par opposition que la cadette avait été appelée *Lebref*.

Ces deux sœurs possédaient une grande fortune.

MADEMOISELLE MARIETTE,

dite *Princesse*, en raison de son commerce galant avec le prince de Carignan, intendant suprême, au nom du roi, de l'Académie royale de musique, fut toute-puissante à l'Opéra.

Sur un refus de gratification que lui firent ses directeurs, Le Comte et Lebœuf, ceux-ci furent révoqués et exilés.

Mademoiselle Mariette n'est pas étrangère à l'ordonnance qui prescrivit les caleçons.

Un soir cette danseuse eut sa robe, ses jupons et ses paniers enlevés par les aspérités d'un décor sortant du dessous, et posa pour *l'antique* pendant quelques secondes devant une salle fort garnie, applaudissant à ce spectacle inattendu.

MADEMOISELLE POULETTE,

sœur de mademoiselle Mariette, enflamma tellement le cœur incandescent d'un seigneur à qui elle résistait, que celui-ci incendia la maison qu'habitait la cruelle, pour avoir l'occasion de l'emporter dans un hôtel somptueux qu'il voulait lui offrir.

MADEMOISELLE GROGNET,

danseuse de talent, fut épousée par le marquis d'Argens.

MESDEMOISELLES D'AZINCOURT ET DESGRANGES

amassèrent l'une et l'autre une fortune considérable.

MADEMOISELLE SAINT-GERMAIN,

aimée du financier Crosat, trouva un jour son boudoir tapissé de billets de banque. Le million était complet.

Ça devait être fort laid.

MADEMOISELLE LYONNAIS,

artiste pleine de séduction, mime d'un grand talent, fut la première femme qui se risqua dans la *gargouillade*.

> *Quand, sous la forme d'un démon,*
> *Lyonnais paraît sur la scène,*
> *Chacun dit à son compagnon :*
> *Je sens que le diable m'entraîne.*

Après avoir eu les plus brillantes relations, mademoiselle Lyonnais devint la maîtresse d'un gagiste de l'Opéra, avec lequel régulièrement elle s'enivrait deux fois par jour chez Ramponneau.

MADEMOISELLE LANY

battit la première les entrechats à six.
Ce fut

MADEMOISELLE HEINEL,

qui, de Stuttgard, apporta la *pirouette* en France. Elle épousa le danseur Gaëtan Vestris.

MADEMOISELLE CARVILLE,

ballerine au second plan, fut le sujet de bien des conversations du temps.
Ses amours avec le danseur Dupré eurent un grand retentissement, et l'aventure qui y mit fin égaya fort et la cour et la ville.

MADEMOISELLE DEFRESNE,

figurante, devint marquise de Fleury; ce qui ne l'empêcha pas de mourir dans l'indigence la plus complète et l'abandon le plus triste.

MADEMOISELLE SULIVAN,

simple figurante, comme la précédente, conquit, par la force de ses charmes, le titre de lady Crawford d'Anchimanes.

MADEMOISELLE LE DUC,

encore figurante, avait succédé à mademoiselle de Camargo dans le cœur du comte de Clermont, qui l'avait dotée du marquisat de Courvoy.

Elle se disposait à suivre, déguisée en soldat, son amant à l'armée, lorsqu'elle en fut empêchée par un ordre du roi.

Plus tard, le comte, ayant demandé à sa petite marquise de renoncer au théâtre, celle-ci lui signifia son congé.

L'amant désolé implore son pardon à genoux, mademoiselle Le Duc le lui accorde et continue à danser. Retenu malade dans son lit, le comte prie sa famille de lui permettre de faire venir le confesseur qui a sa confiance ; comme on obtempère à son désir, c'est la danseuse qui arrive habillée en abbé.

Ce fut d'abord un grand scandale, qui bientôt s'apaisa lorsqu'on sut que, depuis quelque temps, le prince avait épousé sa maîtresse.

Avant d'être princesse de Clermont, mademoiselle Le Duc avait eu, sinon des jours, du moins des nuits agitées ; ce qui me le fait croire, c'est ce que je lis dans une chronique de l'époque :

« A l'occasion de mademoiselle Le Duc, dont l'éclat importun offusquait les yeux de quelques filles du même ordre, on examinait les avantages et les inconvénients d'une fortune rapide. Quand on eut bien disserté sur cette matière, la demoiselle Carton, qui est d'excellent conseil et très-utile à l'Opéra pour diriger la conduite de ses compagnes, prit la parole, et, s'adressant aux envieuses de mademoiselle Le Duc, leur dit : — « Eh ! mes
« pauvres filles, vous n'entendez rien à votre bon-
« heur ; au métier que nous faisons, il est bien plus
« agréable de faire sa fortune sou à sou que tout
« d'un coup. »

MADEMOISELLE GRANDPRÉ,

figurante, fut demandée en mariage en même temps par l'amiral anglais Knowles et le marquis de Senneville. Elle accorda la préférence à ce dernier.

MADEMOISELLE LIANCOURT,

figurante, légitima ses relations avec le baron d'Auguy.

MADEMOISELLE CHOUCHOU,

figurante, devint la présidente de Méuières.

MADEMOISELLE MIRÉ

fut surtout mise en évidence par la mort devancée dans son heure de l'un de ses adorateurs.

La mi ré la mi la,

telle fut l'épitaphe proposée pour cette victime de l'amour.

MADEMOISELLE REM,

devenue la deuxième femme de Le Normant d'Étioles, inspire à un loustic les vers suivants :

> *Pour réparer miseriam,*
> *Que Pompadour laisse à la France,*
> *Son mari, plein de conscience,*
> *Vient d'épouser Rem publicam.*

MADEMOISELLE ALLARD

excellait dans les temps de vigueur, douée qu'elle était d'un jarret d'acier. Son regard dur lui était d'un grand secours pour exprimer la jalousie.

Maîtresse du duc de Mazarin, elle fut fort compromise pour une volée de coups de bâton qu'un amant jaloux et chef d'emploi crut devoir faire administrer à cet amoureux.

Par une faveur particulière, mademoiselle Allard avait obtenu l'autorisation de composer et de régler ses entrées.

La douleur qu'elle éprouva à la mort de Bontems, son dernier amant et premier valet de chambre du roi, doit lui faire tout pardonner.

Elle demanda un congé de six semaines pour donner à ses larmes le loisir de couler librement.

Menacée de mort par un seigneur allemand dont elle refusait les offres de mariage, mademoiselle Allard se mit sous la protection du lieutenant de police.

MESDEMOISELLES MAZARELLI ET LOLOTTE

durent leur célébrité surtout à leur mariage. La première épousa le marquis de Saint-Chamond, la deuxième le comte d'Hérouville.

MADEMOISELLE GRANDI,

dont la galanterie fit grand bruit en son temps, voulant prévenir la visite du roi de Danemark lors de son voyage à Paris, en 1668, lui envoya une carte particulière.

Cette carte, dans le goût de certaines photographies dont la police interdit la vente publique aujourd'hui, était une merveille d'exécution, et la ressemblance du modèle était garantie.

C'est à mademoiselle Grandi que le marquis de Louvois, à qui la danseuse avait demandé quelques chatons pour ajouter à un collier, envoya un assortiment de petits chats vivants et miaulants.

MADEMOISELLE AUDINOT

est connue par un trait qui fait l'éloge de son cœur.

Apprenant que le duc de Lauzun allait être obligé de s'expatrier, elle réalisa toute sa fortune et en envoya le montant, 96,000 livres environ, à son ancien amant.

Le duc refusa, ce qui contraria et humilia la danseuse.

MADEMOISELLE CLÉOPHILE,

célèbre par ses prodigalités, se promenait à Longchamps en équipage à six chevaux qu'elle devait aux libéralités du duc Daranda, ambassadeur d'Espagne.

Tout, chez cette danseuse, était au niveau du luxe de ses écuries. L'or brillait partout, jusque dans sa bouche, dont la voûte palatine était formée d'un dôme de ce précieux métal.

MADEMOISELLE GONDOLIÉ,

jolie danseuse, débuta à l'Opéra sous le puissant patronage du comte d'Artois, qui fit cadeau à sa protégée d'un brillant équipage que tout Paris admira.

MADEMOISELLE MICHELOT,

également maîtresse du même comte d'Artois, perdit les faveurs de ce prince par ses relations avec le danseur Nivelon, mais sa fortune était faite.

MADEMOISELLE DORIVAL,

artiste très-aimée, ayant refusé obéissance à Gaëtan Vestris, maître de ballet, fut envoyée au For-l'Évêque. A cette nouvelle, Paris s'émut, et le soir la salle de l'Opéra était comble.

A son entrée en scène, Vestris est sifflé, hué; on lui signifie l'ordre d'aller immédiatement délivrer la prisonnière et de la ramener avec lui.

Le maître de ballet est obligé de s'exécuter; il arrive

au For-l'Évêque, tombe au milieu d'un souper que donnait à ses amis mademoiselle Dorival; il est forcé de se mettre à table, et, bientôt aussi gris que toute la société, revient à l'Opéra, rentre en scène au milieu d'applaudissements formidables, tenant par la main sa partenaire, qui s'était costumée à la hâte.

MADEMOISELLE DERVIEUX

avait une très-grande fortune qu'elle devait en partie à un être laid et grotesque, le juif portugais Peixotto. Elle habitait un charmant hôtel rue Chantereine.

MADEMOISELLE THÉODORE

était en même temps d'une instruction rare parmi les danseuses et d'une sagesse qui ne donnait prise à aucune méchanceté.

Subissant toutefois la loi de la nature, et le cœur envahi par une passion, elle allait se retirer du théâtre, lorsque d'Auberval, à qui elle ne voulait se donner qu'en mariage, touché de son amour pour lui, l'épousa.

Mademoiselle Théodore, pour quelques épigrammes spirituelles dites et écrites sur l'Opéra et sa direction, fut d'abord, au retour d'un voyage qu'elle avait fait à Londres, conduite à la Force, puis exilée loin de Paris pendant dix-huit jours.

MADEMOISELLE MARIE-MADELEINE GUIMARD,

née à Paris le 2 octobre 1743, entra à l'Opéra en 1762.

Nulle danseuse n'a fourni une carrière plus brillante ; du premier jour elle remplaça dans la faveur publique mademoiselle Allard, qu'elle était d'abord tout simplement appelée à doubler.

En 1766, dansant un pas dans *les Fêtes de l'Hymen et de l'Amour*, mademoiselle Guimard reçut sur l'un de ses bras, tendu gracieusement, et qui fut brisé, un morceau de décor détaché du cintre.

Une messe fut dite à Notre-Dame pour obtenir de Dieu la prompte guérison du bras cassé.

Mademoiselle Guimard était d'une maigreur extrême ; on l'avait surnommée le *squelette des Grâces*.

— Ce petit ver à soie devrait être plus gras ; il ronge une si bonne feuille, dit un jour Sophie Arnould en faisant allusion à la feuille des bénéfices que l'évêque d'Orléans, monseigneur de Jarente, avait mise à la disposition de la danseuse, qui possédait en outre, par le prince de Soubise, la capitainerie des chasses, pour lesquelles elle délivrait les permis, dans les forêts royales, sous sa propre signature.

Monseigneur de Choiseul, archevêque de Cambrai, monseigneur Desnos, évêque de Verdun, le fermier général Delaborde se faisaient remarquer parmi ses courtisans les plus assidus.

Mademoiselle Guimard habitait un somptueux hôtel

dans la chaussée d'Antin. Cet hôtel, bâti pour elle par l'architecte Ledoux, contenait une salle de spectacle.

Elle passait l'été dans une villa à Pantin ; là encore, elle avait un théâtre sur lequel elle donnait des représentations.

Les plus grandes dames de la cour, de galants abbés, des évêques sans préjugés, s'en disputaient les invitations et y assistaient dans des loges construites de telle façon que, voyant tout, on ne pouvait y être vu.

Ce fut sur la scène de Pantin que mademoiselle Guimard dansa avec d'Auberval cette fameuse *fricassée* que le roi Louis XVI et la reine Marie-Antoinette voulurent voir exécuter à Choisy, et qui valut à la danseuse une pension de 6,000 livres, et à Despréaux, son partenaire dans cette circonstance, une pension de 1,000 livres.

Mademoiselle Guimard était très-généreuse, et l'or qui lui arrivait comme un fleuve s'échappait de ses mains en torrents.

Pendant trente ans, mademoiselle Guimard n'eut que vingt ans.

En effet, à cet âge, la danseuse avait fait faire son portrait ; et, plus tard, assise devant une glace de Venise, qui le reflétait, elle peignait chaque matin sa figure, raccordant celle-ci à la ressemblance de celui-là.

Mademoiselle Guimard avait soixante-quatre ans lorsque, cédant aux sollicitations d'amis intimes, elle consentit à donner pour eux seuls une définitivement dernière représentation.

En cette circonstance, elle fit descendre assez le rideau de son théâtre pour que, sa tête et ses épaules cachées, il fût impossible aux spectateurs de voir autre chose que le travail de ses jambes dont le temps avait respecté l'agilité et les formes pures et délicates.

Vers la fin de sa vie artistique, mademoiselle Guimard, criblée de dettes, obtint l'autorisation de mettre son hôtel en loterie au prix de 300,000 livres.

La comtesse du Lau, qui n'avait pris qu'un billet de 120 livres, gagna l'immeuble et son splendide ameublement.

Mademoiselle Guimard quitta la scène en 1790, et mourut en 1816, âgée de soixante-treize ans.

MADEMOISELLE PESLIN

fut une des danseuses qui, en compagnie de mesdemoiselles Guimard, Allard, Théodore et Heinel, vit sa statuette offerte à l'admiration publique à la suite d'une souscription faite parmi les habitués de l'Opéra.

MADEMOISELLE DUPERREY,

après d'heureux débuts et de jolis succès, entra en religion par amour pour d'Auberval, qui ne pouvait cependant pas épouser toutes les danseuses qui l'adoraient.

MADEMOISELLE BEAUPRÉ

fut célèbre par son carrosse en porcelaine et ses quatre

chevaux isabelle, le tout offert par le prince de Montbarrey.

La duchesse de Valentinois possédant un équipage de même composition, le quatrain suivant lui fut envoyé :

> Belle Valentinois, laissez sous la remise
> Ce carrosse fragile avec raison vanté ;
> La vertu d'Opéra doit en toute entreprise
> L'emporter en fragilité.

MADEMOISELLE RENARD,

protégée également, avant, pendant ou après, par le prince de Montbarrey, était associée avec lui pour l'exploitation d'une industrie toute spéciale. Quiconque voulait, par ce ministre, arriver à une faveur du roi, était imposé d'une certaine somme, versée préalablement entre les mains de la danseuse.

Ce commerce fut révélé par la plainte d'un officier général qui, ayant compté 50,000 francs pour obtenir la décoration, n'avait rien reçu.

MADAME P. GARDEL,

qui débuta sous le nom de mademoiselle Miller, fut la vraie remplaçante de mademoiselle Guimard. Danseuse d'un grand talent, mime remarquable, elle excellait dans tous les genres. Sa carrière artistique fut des plus longues et des plus enviables.

MADEMOISELLE CHEVIGNY

commença sa réputation par le rôle d'Œnone dans *le Jugement de Pâris*. Elle eut de très-grands succès. C'était surtout dans la pantomime qu'elle excitait tout l'enthousiasme de ses admirateurs.

Nous voici arrivé à

MADEMOISELLE CLOTILDE MAFLEUROY.

Personne, depuis mademoiselle Guimard, sans excepter même madame Gardel, n'avait brillé d'un semblable éclat ; elle était la personnification de la séduction et de la beauté.

Le prince Pinatelli, après avoir monté la maison de cette danseuse, lui faisait une rente mensuelle de 100,000 francs ; l'amiral espagnol Mazaredo lui compta 400,000 francs en une seule bouchée, et un banquier français lui payait une redevance annuelle de 100,000 francs pour assister, comme simple spectateur, à ses repas.

Mademoiselle Mafleuroy était un sachet ambulant ; pour atténuer l'âcreté de certaines émanations corporelles, à elle particulières, elle faisait un usage immodéré des parfums les plus pénétrants.

En 1802 elle épousa Boëldieu, se retira du théâtre en 1819, et mourut à Paris en 1826.

MADEMOISELLE CHAMEROY,

belle et charmante danseuse touchant déjà à la célébrité, mourut à vingt-trois ans des suites d'une couche.

Le curé de Saint-Roch ayant refusé son église au corps de la pauvre danseuse, un prêtre attaché à l'église des Filles-Saint-Thomas lui accorda la sépulture chrétienne. L'archevêque de Paris donna raison au dernier, en ordonnant au premier une retraite de trois mois.

MADEMOISELLE BIGOTTINI,

voulant marcher sur les traces de mademoiselle Mafleuroy, lui avait d'abord enlevé le prince Pinatelli, puis, s'adonnant avec passion à son art, elle y avait conquis une place des plus élevées.

Mademoiselle Bigottini devint vite millionnaire. Elle quitta le théâtre en 1823, et, dans sa représentation de retraite, joua pour la première et dernière fois avec grand succès, à côté de mademoiselle Mars, le rôle du page dans *la Jeunesse de Henri V*.

MADEMOISELLE GOSSELIN

n'arriva pas sans difficulté à la reputation. Gardel, maître de ballets et mari de mademoiselle Miller, voulant conserver à sa femme sa position, fermait autant qu'il le pouvait les portes de l'Opéra aux jeunes danseuses, dont il redoutait avec raison, sinon avec justice, la dangereuse concurrence.

Mademoiselle Gosselin, une fois dans la place, monta très-haut dans la faveur du public ; elle aurait gagné encore, mais, devenue madame Martin, elle mourut jeune, d'une suite de couches.

MADEMOISELLE MERCANDOTTI

est plus connue par son admirable beauté que par son talent ; ayant débuté le 10 décembre 1822, elle fut enlevée le 8 janvier suivant par un Anglais qui l'épousa.

Bientôt veuve, elle convola en deuxièmes noces avec M. Dufresne.

MADEMOISELLE AUBRY,

représentant Pallas à la première représentation d'*Ulysse*, descendait tranquillement dans une gloire, lorsque celle-ci fut heurtée en chemin par un nuage qui remontait dans les frises.

La danseuse, précipitée d'une grande hauteur, tomba sans accident sur la scène ; mais, suivie par son trône, qui se détacha de la gloire, elle en eut le bras brisé en deux endroits.

Une représentation fut donnée au bénéfice de mademoiselle Aubry; de riches offrandes lui furent envoyées par l'impératrice Joséphine, qui s'était faite quêteuse en sa faveur dans un bal des Tuileries; une pension lui fut allouée. Parfaitement raccommodée, mademoiselle Aubry renonça à l'Opéra pour vivre d'une fortune honorable.

MADEMOISELLE LEGALLOIS,

après avoir fait sa première apparition à l'Opéra dans *Clari*, avait hérité de plusieurs rôles de mademoiselle Bigottini et les avait dansés et mimés, non sans talent.

Le marquis de Lauriston meurt, et cette aimable danseuse n'est plus guère désignée que sous le nom de *la Religion*.

MADEMOISELLE PAUL,

qui devint madame Montessu, s'était révélée en 1817 dans *la Caravane*; dix ans plus tard, elle avait atteint l'apogée de sa réputation dans *la Somnambule*. Elle parut encore en 1830 dans *Manon Lescaut*, en 1833 dans *la Révolte au sérail*.

MADEMOISELLE DUVERNAY,

dont le succès fut si grand dans *la Tentation*, bientôt prise du dégoût de la vie, essaya de s'empoisonner par une décoction de gros sous. Sauvée de la mort par d'énergiques secours, elle fut conservée à l'art et rendue à l'Opéra, qu'elle ne quitta que pour devenir madame Lyne-Stepens.

Avant d'avoir recours au vert-de-gris, mademoiselle Duvernay avait fait une tentative de couvent; mais, sa vocation religieuse n'étant pas des plus irrésistibles, la danseuse avait bientôt abandonné ses idées ascétiques.

Le cœur dirigea toujours la conduite de mademoiselle Duvernay.

— M'aimez-vous autant que 100,000 francs? dit-elle un jour à un adorateur qui lui déclarait sa flamme.

Et, comme celui-ci se présentait le lendemain, porteur d'une cassette contenant la somme dont le chiffre avait été prononcé, elle mettait à la porte et la caisse et le caissier.

— A vous ma vie, à vous tout mon sang! s'écriait aux genoux de la même danseuse un galant qui n'avait que ça à offrir.

— Si cependant j'exigeais votre tête? demanda mademoiselle Duvernay.

— Essayez.

— Eh bien, non, je suis moins méchante; donnez-moi seulement une de vos dents, celle du milieu.

À ces mots l'amoureux se lève, sort précipitamment, et bientôt revient, apportant la canine demandée et montrant le trou fait à son râtelier.

— Malheureux, vous vous êtes trompé! vous m'apportez une dent du bas, lorsque je vous en ai demandé une du haut! exclama l'impitoyable.

Le mystifié comprit, s'enfuit honteux ; mais, comme l'objet de sa passion était une honnête fille, sa dent lui fut scrupuleusement renvoyée.

MADEMOISELLE NOBLET,

qui créa le rôle de Fenella dans *la Muette de Portici*, avait d'abord paru dans *la Caravane*, ce cheval de bataille des débutantes de l'époque. Elle dansa et mima dans *le Dieu et la Bayadère*, *la Révolte au sérail*, *la Fille du Danube* et bien d'autres ballets, et se retira du théâtre après vingt ans de service.

MADEMOISELLE MARIE TAGLIONI

débuta à l'Opéra en 1827 dans *le Sicilien*, dansa successivement dans *la Vestale*, *Fernand Cortès*, *les Bayadères* et *le Carnaval de Venise*, puis regagna Munich, où l'attachait un engagement.

L'année suivante, l'artiste, acclamée reine à Paris, y revint. Toutes ses créations, dès lors, furent des victoires. Je ne citerai que *la Belle au bois dormant*, *le Dieu et la Bayadère*, *la Sylphide*, *la Révolte au sérail* et *la Fille du Danube*.

Au milieu de ses succès, elle épousa le comte Gilbert

des Voisins. En 1837, l'engagement de mademoiselle Taglioni ayant atteint son terme, ne fut pas renouvelé. La sylphide d'un coup d'aile gagna la Russie, où, pendant plusieurs années, elle vola de succès en ovations.

En 1840, mademoiselle Taglioni donna quelques représentations à l'Opéra; ensuite, après une tournée triomphale dans les départements, elle se retira sur les bords du lac de Côme, dans son palais, qu'elle n'abandonna que pour prendre le professorat et occuper à l'Académie impériale de musique et de danse de Paris un poste auquel la désignait sa réputation universelle.

MADAME A. DUPONT,

sœur de madame Noblet, parut dans *le Dieu et la Bayadère*; elle faisait partie du pas de cinq, dansé au deuxième acte de *Robert le Diable* lors de la création de l'ouvrage, et supprimé depuis.

En 1841, madame A. Dupont cessa de figurer dans les cadres du personnel artistique de l'Opéra.

MADEMOISELLE PAULINE LEROUX

débuta brilamment dans *la Caravane*, reprit plus tard avec succès le rôle de madame Montessu dans *la Somnambule*, et créa le rôle principal dans *le Diable amou-*

reux. La carrière théâtrale de cette danseuse fut plus agréable que longue.

Mademoiselle Pauline Leroux a épousé un des derniers représentants de la bonne école du bien-dire et de l'élégance, le comédien Lafont.

MESDEMOISELLES FANNY et THÉRÈSE ELSSLER

parurent à l'Opéra en 1834 : Fanny, élève de Thérèse, dans le ballet *la Tempête*, et Thérèse, dans un pas de deux, ayant sa sœur pour partenaire.

Leur succès fut très-grand.

Fanny Elssler, sans détrôner Taglioni, partagea sa souveraineté.

Deux écoles étaient en présence, l'école de la grande danse, chaste et aérienne, représentée par Taglioni, et l'école du fini dans l'exécution et de la grâce voluptueuse, ayant Fanny Elssler pour protagoniste.

Taglioni s'adressait à l'âme, Fanny Elssler parlait aux sens.

Après le départ de mademoiselle Taglioni, seule désormais sur le trône que son succès dans *le Diable boiteux* lui avait définitivement assuré, mademoiselle Fanny Elssler, toujours escortée de sa sœur, créa successivement *la Chatte métamorphosée en femme*, *la Gipsy*, *la Tarentule*, *Griselidis*, et dansa cette passionnée cachucha que les abonnés de l'Opéra applaudirent avec tant de frénésie.

En avril 1840, les sœurs Elssler quittèrent le théâtre

de la rue Le Peletier et, sur leurs pointes, se dirigèrent vers l'Amérique, où, passant sous les arcs de triomphe, voyant les chevaux dételés, remplacés par des hommes, couvertes de fleurs et de dollars, elles se fixèrent momentanément. Mesdemoiselles Elssler firent plus tard l'une et l'autre un mariage d'une nature différente : tandis que Fanny épousait un riche banquier prussien, Thérèse devenait la femme du frère du roi de Prusse.

MADEMOISELLE CARLOTTA GRISI,

qui s'était révélée au théâtre de la Renaissance en chantant et dansant, dans *les Zingari*, sous le nom de madame Perrot, s'introduisit à l'Opéra par un pas de deux dans *la Favorite,* au mois de février 1841. Quelque temps après elle créait *Giselle*, puis, successivement, une grande quantité de rôles importants dans tous les ballets de l'époque, pour arriver, en 1848, à *la Filleule des fées*, sa dernière incarnation.

Dès son apparition, mademoiselle Carlotta Grisi s'était emparée de la première place, et, pendant tout son règne, elle jouit des plus enthousiastes applaudissements.

Elle fut la digne héritière de mesdemoiselles Taglioni et Fanny Elssler.

MADEMOISELLE FANNY CERRITO

débuta en octobre 1847 dans *la Fille de marbre ;* elle y fut très-goûtée,

Elle créa successivement, et avec grand succès, *la Vivandière, le Violon du diable, Stella ou les Contrebandiers*, etc., etc., et enfin *Gemma*, qu'elle signa en collaboration de Théophile Gautier.

Avant de venir à Paris, mademoiselle Fanny Cerrito avait fait fanatisme au théâtre de la Scala, à Milan, où, tout enfant, elle avait battu ses premiers entrechats.

Plus tard, elle avait tenu sa partie dans le fameux pas de quatre dansé à Londres en compagnie de Taglioni, Carlotta Grisi et Lucile Grahn.

La réputation avait donc précédé l'artiste, qui sut la soutenir.

Aujourd'hui retirée du théâtre, auquel elle semble avoir renoncé comme au nom de son mari, mademoiselle Fanny Cerrito vit tranquillement, sachant se faire honneur d'une fortune considérable.

MADAME ROSATI

avait fait en 1850 une apparition à Paris, dans *la Tempesta*, au Théâtre-Italien. A peine était-elle en scène, le jour de son début, que son pied mignon, pris dans une costière, faillit s'y briser. La danseuse fut emportée dans sa loge, et ses représentations interrompirent leur cours.

En 1853, madame Rosati se manifesta triomphalement à l'Opéra dans *Jovita*. Elle créa, en 1855, le rôle important du *Corsaire*, qui mit le comble à sa réputation et lui assura définitivement, dans la faveur publique, une place dont jamais ballerine ne dépassa, sinon n'atteignit la hauteur.

A l'une de ses rentrées, au milieu d'une avalanche de bouquets hors de toutes proportions, l'un d'eux, d'une grosseur colossale, avait en guise de cravate une dentelle de 1,200 francs.

Madame Rosati n'appartient à aucune école. C'est moins par l'ampleur de ses ballonnés, le fini de ses tacquetés et la hardiesse de ses pointes, que par sa grâce incomparable, que brille cette artiste.

Elle est plus qu'une danseuse, elle est un charme, une séduction.

MADAME AMALIA FERRARIS

s'élança sur les planches de l'Opéra au mois de novembre 1856. *Les Elfes* lui servirent de ballet de début.

Quel ne fut pas l'étonnement du public en revoyant la grande danse, la danse noble, la danse aérienne !

Pour beaucoup de gens, c'était de la nouveauté.

Avec madame Ferraris, pas de mièvreries de style, pas de minauderies ; un jarret de fer, une élévation vertigineuse.

Quand, en quatre enjambées, la danseuse, comme un tourbillon, traversa l'immense scène, la partie était gagnée, et un nom de plus était inscrit dans le Livre d'or de la noblesse artistique de l'Opéra.

Madame Ferraris créa, en compagnie de madame Rosati, un des deux rôles de *Marco Spada*, puis *Sacountala*, *Étoile de Messine* et *Graziosa* ; autant de ballets, autant de succès.

MADEMOISELLE EMMA LIVRY,

par sa naissance, par sa nature, par son professeur même, était la vraie représentante de l'école française de danse.

Qui plus est, elle en était l'honneur.

Elle apparut brillamment dans le rôle de *la Sylphide*, qui semblait tracé pour elle.

Le Papillon confirma les hautes espérances qu'avaient données ses débuts. Mademoiselle Livry le créa en grande artiste.

Du mois de novembre 1858 au mois de novembre 1862 le laps n'est pas long ; ce fut là cependant toute la carrière de la gracieuse danseuse.

Je vois encore d'ici, à la répétition de *la Muette de Portici*, cette colonne de flammes que rien ne pouvait arrêter, sillonnant la scène en tous sens et jetant la terreur sur son passage.

Quel épouvantable et navrant spectacle !

Après une agonie de six mois, mademoiselle Emma Livry succomba à ses brûlures.

Sa mort, pieusement pleurée par tous ceux qui l'avaient connue, fut une grande perte pour l'art chorégraphique.

MADEMOISELLE ZINA RICHARD,

charmante Moscovite, débuta à l'Opéra, en 1857, par un pas de deux, dans *le Trouvère*.

Ce n'est pas avec cette danseuse, aujourd'hui madame Zina Mérante, que, dans les battements les plus compliqués, les temps les plus précipités, le moindre bredouillement de jambes est à craindre.

Aussi sa correction, son exécution irréprochables, firent-elles l'admiration de tous les amoureux de la danse qui ne recherchent que l'art dans l'art.

Son séjour à l'Opéra ne fut que de six années ; elle n'en est sortie que par le fait de cet ostracisme qui aujourd'hui frappe le ballet.

Le nouveau système d'administration qui consiste à n'avoir plus de premiers sujets engagés, mais à produire simplement de temps en temps, comme en province, à la satisfaction des habitués, qui veulent bien s'en contenter, des sujets étrangers, a fait descendre le ballet, à l'Opéra de Paris, au-dessous de ceux de Milan, Saint-Pétersbourg et Vienne.

Ce ne sont plus les artistes français qui vont en *étoiles* à l'étranger, ce sont les danseuses de l'étranger qui viennent en représentation à Paris.

Successivement ont plus ou moins brillé, ou brillent encore, comme astres de toutes grandeurs et de passage :

MADEMOISELLE FONTA,
MADEMOISELLE MOURAWIEF,
MADEMOISELLE FIORETTI,
MADEMOISELLE BOSCHETTI,
MADEMOISELLE SALVIONI,
MADEMOISELLE GRANZOK.

MAITRES DE BALLETS, MIMES ET DANSEURS.

Parmi les traditions galantes du passé, disparues depuis le commencement de notre siècle, il faut en première ligne citer les danseurs nobles.

C'est à peine en effet si la génération se souvient d'avoir vu des hommes plus ou moins jeunes ou bien faits se présenter sur la scène, la tête couverte d'une perruque blonde couronnée de roses, vêtus d'une jupe azur tendre décolletée et courte, le sourire sur des lèvres carminées et faisant de leurs bras et de leurs jambes une télégraphie sérieuse.

Le danseur fut longtemps le rival redouté de la danseuse ; plus d'une fois il tint la corde dans l'enthousiasme des amateurs. Aujourd'hui, son rôle consiste simplement dans l'abnégation qu'il doit faire de sa personnalité, en se vouant exclusivement au triomphe de sa partenaire, dont l'élévation et la légèreté ne sont souvent dues qu'à la vigueur de ses bras.

Le public est ingrat, et ne se doute pas du travail pénible et incessant auquel est obligé de se livrer le danseur.

Comme le danseur, la danse s'est transformée, et, de nos jours, on applaudirait faiblement, j'en suis certain, les ballets de :

BEAUCHAMPS,

qui, dans *Pomone*, régla les pas dansés par lui ; et de

SAINT-ANDRÉ, FAVIER, LAPIERRE,

ces derniers recrutés au milieu des maîtres de danse et prévôts de salle de Paris, et représentant, selon les besoins, les deux sexes, un berger ou une bergère ; un dieu ou une déesse.

Le costume et le masque suffisaient à l'illusion des spectateurs les plus difficiles.

C'est dans *Cadmus* que débuta

PÉCOURT,

dont raffola toute une génération de femmes, la belle Ninon en tête.

BALON

eut de grands succès comme danseur, et plus tard comme mime ; sa carrière chorégraphique fut des plus longues.

BLONDY,

habile dans l'exécution, démonstrateur érudit, fut un des professeurs de mademoiselle de Camargo.

DUPRÉ.

Le grand Dupré,

Moins deux pouces ayant six pieds,

était violoniste répétiteur de la danse au théâtre de Rouen, lorsque sa vocation changea. Il jeta au loin son instrument, et se mit à jouer des jambes.

MARCEL

chantait et dansait en même temps un rôle de maître de danse dans *les Fêtes vénitiennes*.

GAËTAN VESTRIS,

d'origine florentine, et dont le véritable nom est *Vestri*, parut en 1748. Le *beau* Vestris succéda au *grand* Dupré.

> *Lorsque le grand Dupré, d'une marche hautaine,*
> *Orné de son panache, avançait sur la scène,*
> *On croyait voir un Dieu demander des autels*
> *Et venir se mêler aux danses des mortels.*
> *Dans tous ses déploiements, sa danse simple et pure*
> *N'était qu'un doux accord des dons de la nature.*
> *Vestris, par le brillant, le fini de ses pas,*
> *Nous rappelle son maître, et ne l'éclipse pas.*

C'est du Dorat tout pur.

Jusqu'à Dupré inclusivement, les danseurs et les acteurs de pantomimes avaient paru le visage couvert d'un masque, que Vestris abandonna pour jouer les ballets, le gardant encore pour exécuter les pas dans les opéras.

Tout le monde connaît le mot de Vestris. « Il n'y a « que trois grands hommes au monde : moi, Voltaire et « le roi de Prusse. »

Il est vrai que, plus tard, il mettait au-dessus de ce trio son fils Auguste, « qui avait eu le bonheur d'avoir « Gaëtan pour père. »

Quoique ne figurant pas dans les cadres de l'Opéra, Gaëtan Vestris, jusqu'en 1800, y fit de nombreuses apparitions.

Il est peu de danseurs qui puissent comme lui montrer des états de cinquante-deux ans d'exercice.

Il mourut en 1808.

NOVERRE,

élève de Dupré, débuta en 1743; c'est surtout comme maître de ballets, et après un séjour de quelques années à Vienne, que cet artiste s'est acquis cette grande réputation que peu de compositeurs chorégraphiques ont atteinte.

Noverre quitta sa place de maître de ballets à l'Opéra en 1782, pour aller en Angleterre.

MALTER,

trois frères danseurs de deuxième ordre, ne furent guère connus à l'Opéra que par leurs sobriquets : *l'Oiseau*, *le Diable* et *la Petite-Culotte*.

LANY,

depuis 1750, tenait avec succès l'emploi de danseur comique, lorsqu'il devint un des maîtres de ballets de l'Opéra.

Je ne trouve aucune œuvre signée de son nom : il arrangeait, refaisait plutôt qu'il ne créait et inventait.

MAXIMILIEN GARDEL

succéda réellement à Noverre. C'est grâce à ce chorégraphe que le masque, abandonné par la pantomime, fut délaissé par la danse.

Bientôt après le masque, les paniers et les tonnelets disparurent aussi entièrement ; et la réforme commencée par mademoiselle Sallé fut complète.

Maximilien Gardel mourut en 1787, tenant encore sa position de maître de ballets à l'Opéra.

Place, place au théâtre, voici venir

AUGUSTE VESTRIS,

le dieu de la danse, comme l'a surnommé son auteur, Gaëtan.

Auguste débuta le 25 août 1772 dans *la Cinquantaine* ; possédant tous les avantages physiques de son père, il profita de l'expérience de ce dernier, et parvint à une perfection jusqu'alors inconnue.

« A genoux ! et des excuses ! » criait un jour le parterre courroucé à Auguste Vestris sortant du For-l'Evêque, où il avait été renfermé pendant quelques semaines, pour avoir refusé de danser devant le roi de Suède.

« A genoux ! et des excuses ! répéta Gaëtan, accourant en pleine scène au secours de son fils : — Auguste, dansez ! »

Auguste dansa, et le public fut désarmé.

En 1816, Auguste Vestris prit sa retraite après quarante-quatre ans de service; huit années de moins que son père.

PIERRE GARDEL,

frère de Maximilien Gardel, débuta brillamment par un pas de deux en 1773.

A la mort de son frère, son chef d'emploi, il devint à son tour maître de ballets.

Sa représentation de retraite eut lieu en 1829.

On donnait pour la 905ᵉ fois son ballet de *Psyché*.

DAUBERVAL,

danseur et maître de ballets, eut de grands succès, comme homme surtout.

Poursuivi par ses créanciers, il allait quitter la France et partir pour la Russie, lorsque la comtesse du Barry prit l'initiative d'une souscription au profit de son danseur bien-aimé : toute la cour fut mise à contribution; Louis XV lui-même figura sur la liste, dont le chiffre total s'éleva à quatre-vingt-dix mille francs.

Dauberval était docteur ès science galante. Les seigneurs et les princes venaient répéter, dans son charmant hôtel rue Saint-Lazare, les rôles qu'ils devaient jouer dans les fêtes improvisées à Versailles.

La bienveillance de madame du Barry pour Dauberval n'empêcha pas ce dernier d'être mis à l'occasion au For-l'Evêque.

En 1786, Dauberval avait quitté l'Opéra pour aller à Bordeaux en qualité de maître de ballets : plusieurs de ses ouvrages, des bords de la Garonne sont venus jusqu'à Paris, où ils ont retrouvé le même succès qu'en province.

NIVELON

ne tint jamais le premier rang au théâtre, il eut la première place dans le cœur des femmes.

Deux fois il fut le rival préféré du comte d'Artois. Son aventure avec mademoiselle Michelot, dont les ongles d'une autre danseuse jalouse, mademoiselle Cécile, avaient déchiré la figure, fut un sujet de conversation pour la cour et pour la ville.

La conquête qu'il fit des bonnes grâces de la belle Isabeau, mulâtresse, royalement riche, venant du Cap, et ayant attelé à son char tous les brillants chevaliers de la galanterie française, ne préoccupa pas moins la chronique amoureuse du temps.

BEAUPRÉ,

danseur comique, fut pour ses camarades un protecteur des plus sérieux.

Lié avec Hébert, qui, en guise de plaisanterie, portait sur lui les vingt-deux noms écrits de sa main de vingt-deux personnes de l'Opéra destinées à être envoyées à l'échafaud, à première occasion, il sut, deux ou trois fois, à la suite de soupers où l'accusateur public buvait encore plus qu'il ne mangeait, s'emparer de la fatale liste, reconstituée le lendemain, lorsque les fumées du vin étaient passées.

C'était tout simplement gagner du temps; mais, à cette époque, gagner du temps, c'était gagner la vie. C'est ce qui arriva pour les vingt-deux proscrits.

Beaupré resta à l'Opéra jusqu'en 1818. Il fit ses adieux au public en jouant, dans *Crispin rival de son maître*, le rôle de Crispin.

AUMER,

dont les ballets sont venus jusqu'à nous, débuta en 1798 dans *le Déserteur*.

Ce n'est pas par l'imagination que brilla ce maître,

tout son système consistait généralement à prendre un opéra quelconque et à faire mimer ce qui était chanté.

Le dernier ballet signé d'Aumer est *Manon Lescaut*, joué en 1830.

MILLON

fut de 1799 à 1820, avec P. Gardel, le plus fécond fournisseur de ballets de l'Opéra. Son dernier ouvrage, *Clary*, fut son plus grand succès.

GOYON,

danseur comique, acteur de pantomime très-remarquable, égaya fort toute sa génération.

ARMAND VESTRIS.

fils et petit-fils de dieux, voulut continuer la tradition de famille, et débuta dans *la Caravane* en 1800. Bientôt après, considérant la France comme indigne de lui, il partit pour l'Italie, heureuse patrie de ses ancêtres,

SAINT-AMAND

était un des premiers danseurs de l'Opéra, lorsque, empêché par une indisposition, il fut remplacé en 1803, au pied levé, dans le rôle de Zéphire de *Psyché*, par

DUPORT,

dont la célébrité commença immédiatement, et qui, du premier jour, se posa en rival d'Auguste Vestris. La guerre et la concurrence que se firent ces deux danseurs furent chantées par Berchoux.

Non content de sa gloire comme exécutant, Duport bientôt se manifesta comme chorégraphe.

BLACHE

avait composé pour les théâtres de Bordeaux, de Lyon et de Marseille de nombreux ballets, entre autres *Almaviva*, *Mars et Vénus, ou les Filets de Vulcain*, qui plus tard, importés à l'Opéra firent les délices du public parisien.

ALBERT

eut de grands succès comme danseur et maître de ballets. Ses ouvrages sont venus jusqu'à nous par le divertissement de *la Favorite* et *la Jolie fille de Gand*, donnée en 1842.

MONTJOIE

débuta en 1808.

En simulant un duel dans le second acte de *Nina*, il fut blessé au bras. Il ne mourut pas du coup d'épée, car, il y a quelque temps, j'ai lu dans un journal l'annonce du décès de ce danseur.

MÉRANTE

parut également en 1808.

Il avait créé le rôle de Polichinelle dans *le Carnaval de Venise*, lorsque, indisposé, le dimanche gras, 15 février 1820, jour marqué de sang par un crime odieux, commis à l'Opéra même, il fut obligé de le céder à

ÉLIE,

qui en fit sa fortune en s'emparant du coup de l'emploi de premier danseur comique, qu'il garda jusqu'à sa retraite, prise en 1852.

Cet artiste avait été précédé dans la carrière par un frère aîné, danseur noble.

COULON

tenait l'emploi de premier danseur en double, lorsque, un soir, il fut appelé à remplacer Montjoie, blessé en scène, et à jouer le troisième acte de *Nina*.

A dater de cette apparition, sa position prit de l'importance.

Coulon était un professeur très-estimé, et sa classe, jusqu'en 1849, c'est-à-dire jusqu'à sa mort, fût des plus suivies.

TAGLIONI,

précédemment danseur à l'Opéra, revenu de Munich avec sa fille, débuta comme chorégraphe par les danses du *Dieu et la Bayadère,* pour donner après bien d'autres ballets, y compris *Brésilia*, en 1835.

MAZILIER

débuta dans *la Fille mal gardée*, en 1830. Il fut le partenaire de mademoiselle Taglioni dans *la Sylphide*.

Le premier ouvrage signé par Mazilier devenu maître de ballets est *la Gipsy*, en 1839 ; le dernier se nomme *Marco Spada*.

PERROT

parut en 1830 dans *le Rossignol*.

Élève d'Auguste Vestris, ce danseur triompha par la seule force de son talent et le fini de son exécution.

La Filleule des fées, signée de lui, fut jouée en 1849.

CORALLI

régla les danses *de l'Orgie* en 1831 et la scène des nonnes du troisième acte de *Robert le Diable*. Les ballets de ce maître sont nombreux. Son dernier est *Ozaï*, représenté en 1846.

MABILLE,

avant de devenir maître de ballets à l'Opéra, y avait été danseur ; il était du pas de cinq de la création de *la Fille du Danube*, en 1836.

Il a signé *Nisida, ou les Amazones des Açores*, ballet joué en 1848.

PETIPA

débuta dans *la Sylphide* en 1839. Il fut longtemps et sans partage le héros et le prince aimé de tous les ballets.

Il a composé le divertissement de *la Nonne sanglante* en 1854, et depuis, devenu maître de ballets en chef, il a donné successivement *Sacountala*, *Graziosa* et *le Marché des Innocents*.

SAINT-LÉON,

violoniste de première force, danseur et chorégraphe par amour, apporta à l'Opéra *la Fille de marbre*, en 1847. Il fit plus tard *le Violon du diable*, dans lequel il mima, dansa et exécuta sur la chanterelle les tours les plus surprenants.

L'engagement de Saint-Léon à l'Opéra eut la durée de celui de madame Cerrito, sa femme.

BERTHIER,

danseur comique, débuta en 1846 dans *Griselidis*. Il créa successivement les rôles importants de son emploi dans la *Fille de marbre*, *Nisida*, la *Vivandière*, le *Violon du diable*, la *Filleule des fées*, *Paquerette*, *Vert-Vert*, *Orfa*, *Œlia et Mysis*, *Jovita*, le *Corsaire*, *Stella*, *Marco Spada*, *Graziosa*, le *Marché des Innocents*, le *Papillon*, *Diavolina* et l'*Étoile de Messine*.

Berthier aujourd'hui a pris sa retraite.

L. MÉRANTE,

fils, neveu et frère de danseurs, était destiné par sa famille à l'état ecclésiastique. Mais le sang de sa race, qui lui bouillait dans les jambes, en fit également un danseur. Il débuta à l'Opéra en 1848 dans un pas de deux, intercalé dans la *Jolie fille de Gand*.

Il a créé *Gemma*, *Jovita*, la *Fonti*, *Marco Spada*, *Sacountala*, l'*Étoile de Messine*, le *Papillon*, le *Marché des Innocents*, la *Maschera*, *Diavolina* et *Néméa*.

a été de toutes les reprises.

Mérante a aujourd'hui plus de dix-neuf ans de service ; bientôt il aura aussi atteint la timbale d'argent de ce mât de cocagne, appelé la pension, auquel il est si difficile d'arriver.

CHAPUY,

venant de Bordeaux, où il avait eu de grands succès, parut à l'Opéra dans le rôle du comte, du *Diable à Quatre*, en 1855.

La Vivandière et *Graziosa* le mirent en faveur.

Après onze années d'un service très-actif, pour raison d'économie administrative, Chapuy ne vit pas son engagement renouvelé.

Onze années de travaux et de retenues perdues, au point de vue de la fabuleuse pension.

OPÉRAS, BALLETS ET CANTATES.

1. — 1671, 19 mars. — *Pomone*, 5 actes; Perrin, Cambert.
2. — 1671, 3 novembre. — *Les Amours de Diane et d'Endymion*, 5 actes; Guichard, Sablières.
3. — 1672, 8 avril. — *Les Peines et les Plaisirs de l'amour*, 5 actes; Gilbert, Cambert.
4. — 1672, .. Un opéra (titre perdu), 5 actes; Guichard, Sablières.
5. — 1672, 15 novembre. — *Les Fêtes de l'Amour et de Bacchus*, 5 actes; Molière, Benserade, Périgny, Quinault; Lulli et Desbrosses.

6. — 1673, 11 février. — *Cadmus et Hermione*, 5 actes; Quinault, Lulli.

7. — 1674, 2 janvier. — *Alceste, ou le Triomphe d'Alcide*, 5 actes; Quinault, Lulli.

8. — 1675, 12 janvier. — *Thésée*, 5 actes; Quinault, Lulli.

9. — 1675, 17 octobre. — *Le Carnaval*, 5 actes; Molière, Benserade, Quinault, Lulli.

10. — 1676, 10 janvier. — *Atys*, 5 actes; Quinault, Lulli.

11. — 1677, 5 janvier. — *Isis*, 5 actes; Quinault, Lulli.

12. — 1678, 9 avril. — *Psyché*, 5 actes; Th. Corneille, Fontenelle, Lulli.

13. — 1679, 28 janvier. — *Bellerophon*, 5 actes; Th. Corneille, Fontenelle, Boileau, Lulli.

14. — 1680, 10 novembre. — *Proserpine*, 5 actes; Quinault, Lulli.

15. — 1681, 16 mai. — *Le Triomphe de l'Amour*, 5 actes; Benserade, Quinault, Lulli.

16. — 1682, 17 avril. — *Persée*, 5 actes; Quinault, Lulli.

17. — 1683, 27 avril. — *Phaëton*, 5 actes; Quinault, Lulli.

18. — 1684, 15 janvier. — *Amadis des Gaules*, 5 actes; Quinault, Lulli.

19. — 1685, 8 février. — *Roland*, 5 actes; Quinault, Lulli.

20. — 1685, ... — *Idylle sur la Paix*, Racine, Lulli.

21. — 1685, ... — *Eglogue de Versailles*, Quinault, Lulli.

22. — 1685, 12 septembre. — *Le Temple de la Paix*, 3 actes; Quinault, Lulli.

23. — 1686, 15 février. — *Armide*, 5 actes; Quinault, Lulli.

24. — 1686, 10 septembre. — *Acis et Galathée*, 5 actes; Campistron, Lulli.

25. — 1687, 7 novembre. — *Achille et Polyxène*, 5 actes; Campistron, Lulli et Colasse.

26. — 1688, 22 mars. — *Zéphire et Flore*, 3 actes; Duboullay, Louis et Jean-Louis Lulli fils.

27. — 1689, 16 janvier. — *Thétis et Pelée*, 5 actes; Fontenelle, Colasse.

28. — 1690, 8 avril. — *Orphée*, 3 actes; Duboullay, Louis Lulli.

29. — 1690, 16 décembre. — *Enée et Lavinie*, 5 actes; Fontenelle, Colasse.

30. — 1691, 23 mars. — *Coronis*, 3 actes; Chapuseau de Beaugé, Théobald.

31. — 1691, 28 novembre. — *Astrée*, 5 actes; La Fontaine, Colasse.

32. — 1692, . . septembre. — *Ballet de Villeneuve-Saint-Georges*, 3 actes; de Banzy, Colasse.

33. — 1693, 3 février. — *Alcide*, 5 actes; Campistron, Louis Lulli et Marais.

34. — 1693, 5 juin. — *Didon*, 5 actes; Madame Gillot de Sainctonge, Desmarets.

35. — 1693, 4 décembre. — *Médée*, 5 actes; Th. Corneille, Charpentier.

36. — 1694, 15 mars. — *Céphale et Procris*, 5 actes; Duché, madame Jacquet de La Guerre.

37. — 1694, 1er octobre. — *Circé*, 5 actes; madame Gillot de Sainctonge, Desmarets.

38. — 1695, 3 février. — *Théagène et Chariclée*, 5 actes; Duché, Desmarets.

39. — 1695, 25 mai. — *Les Amours de Momus*, 3 actes; Duché, Desmarets.

40. — 1695, 8 octobre. — *Les Saisons*, 4 actes; Pic, Louis Lulli et Colasse.

41. — 1696, 17 janvier. — *Jason, ou la Toison d'Or*, 5 actes; Jean-Baptiste Rousseau, Colasse.

42. — 1696, 8 mars. — *Ariane et Bacchus*, 5 actes; Saint-Jean, Marais.

43. — 1696, 1er mai. — *La Naissance de Vénus,* 5 actes; Pic, Colasse.

44. — 1697, 13 janvier. — *Méduse,* 5 actes; Boyer, Gervais.

45. — 1697, 17 mars. — *Vénus et Adonis,* 5 actes; J. B.-Rousseau, Desmarets.

46. — 1697, 9 juin. — *Aricie,* 5 actes; Pic, Lacoste.

47. — 1697, 24 octobre. — *L'Europe galante,* 4 actes; La Motte, Campra.

48. — 1697, 17 décembre. — *Issé,* 3 puis 5 actes; La Motte, Destouches.

49. — 1698, 10 mai. — *Les Fêtes galantes,* 3 actes; Duché, Desmarets.

50. — 1699, 28 février. — *Le Carnaval de Venise,* 3 actes; Regnard, Campra.

51. — 1699, 26 mars. — *Amadis de Grèce,* 5 actes; La Motte, Destouches.

52. — 1699, 19 novembre. — *Marthésie,* 5 actes; La Motte, Destouches.

53. — 1700, 16 mai. — *Le Triomphe des Arts,* 5 actes; La Motte, de La Barre.

54. — 1700, 4 novembre. — *Canente,* 5 actes; La Motte, Colasse.

55. — 1700, 21 décembre. — *Hésione,* 5 actes; Danchet, Campra.

56. — 1701, 14 juillet. — *Aréthuse,* 3 actes; Danchet, Campra.

57. — 1701, 16 septembre. — *Scylla,* 5 actes; Duché, Théobald.

58. — 1701, 10 novembre. — *Omphale,* 5 actes; La Motte, Destouches.

59. — 1702, 23 juillet. — *Médus, roi des Mèdes,* 5 actes; Lagrange-Chancel, Bouvard.

60. — 1702, 10 septembre. — *Fragments de Lulli,* . . ; Danchet, Campra.

61. — 1702, 7 novembre. — *Tancrède,* 5 actes; Danchet, Campra.

62. — 1703, 23 février. — *Ulysse et Pénélope,* 5 actes; Guichard, Rébel.

63. — 1703, 28 octobre. — *Les Muses,* 4 actes; Danchet, Campra.

64. — 1703, 27 décembre. — *Le Carnaval et la Folie,* 4 actes; La Motte, Destouches.

65. — 1704, 6 mai. — *Iphygénie en Tauride,* 5 actes; Danchet, Duché, Desmarets et Campra.

66. — 1704, 10 septembre. — *Amaryllis,* 1 acte; Danchet, Campra.

67. — 1704, 11 novembre. — *Télémaque,* 5 actes; Danchet, Campra.

68. — 1705, 15 janvier. — *Alcine,* 5 actes; Danchet, Campra.

69. — 1705, 26 mai. — *La Vénitienne,* 3 actes ; La Motte, de La Barre.

70. — 1705, 20 octobre. — *Philomèle,* 5 actes ; Roy, Lacoste.

71. — 1706, 18 février. — *Alcyone,* 5 actes ; La Motte, Marais.

72. — 1706, 22 juin. — *Cassandre,* 5 actes ; Lagrange-Chancel, Bouvard et Bertin.

73. — 1706, 17 septembre. — *Le Professeur de folie,* 5 actes ; . . . .

74. — 1706, 21 octobre. — *Polyxène et Pyrrhus,* 5 actes ; de La Serre, Colasse.

75. — 1707, 2 mai. — *Bradamante,* 5 actes ; Roy, Lacoste.

76. — 1708, 6 mars. — *Hippodamie,* 5 actes ; Roy, Campra.

77. — 1708, 19 septembre. — *Fragments de Lulli,* . . . . .

78. — 1708, 14 octobre. — *Issé,* 5 actes ; La Motte, Destouches.

79. — 1709, 15 mars. — *Panthée,* 5 actes ; de La Fare, Philippe, duc d'Orléans.

80. — 1709, 9 avril. — *Sémélé,* 5 actes ; La Motte, Marais.

81. — 1709, 24 mai. — *Méléagre,* 5 actes ; Jolly, Batistin Struck.

10

82. — 1710, 28 avril. — *Diomède*, 5 actes ; de La Serre, Bertin.

83. — 1710, 17 juin. — *Les Fêtes vénitiennes*, 3 actes ; Danchet, Campra.

84. — 1711, 29 janvier. — *Manto la Fée*, 5 actes ; Mennesson, Batistin Struck.

85. — 1711, 3 décembre. — *Fragments de Lulli*, ...

86. — 1712, 12 janvier. — *Idoménée*, 5 actes ; Danchet, Campra.

87. — 1712, 5 avril. — *Creüse l'Athénienne*, 5 actes ; Roy, Lacoste.

88. — 1712, 7 septembre. — *Les Amours de Mars et de Vénus*, 3 actes ; Danchet, Campra.

89. — 1712, 11 octobre. — *Les Fêtes vénitiennes*, 4 actes ; Danchet, Campra.

90. — 1712, 17 octobre. — *Jérusalem délivrée*, 5 actes ; Longepierre, Philippe, duc d'Orléans.

91. — 1712, 27 décembre. — *Callirohé*, 5 actes ; Roy, Destouches.

92. — 1713, 24 avril. — *Médée et Jason*, 5 actes ; de La Roque (Pellegrin), Salomon.

93. — 1713, 22 août. — *Les Amours déguisés*, 3 actes ; Fuzelier, Bourgeois.

94. — 1713, 23 novembre. — *Télèphe*, 5 actes ; Danchet, Campra.

95. — 1714, 10 avril. — *Arion*, 5 actes; Fuzelier, Matho.

96. — 1714, 10 juin. — *Les Amours déguisés*; avec un nouvel acte.

97. — 1714, 14 août. — *Les Fêtes de Thalie*, 3 actes; de Lafont, Mouret.

98. — 1714, 29 novembre. — *Télémaque et Calypso*, 5 actes; Pellegrin, Destouches.

99. — 1715, 29 avril. — *Les Plaisirs de la paix*, 3 actes; Mennesson, Bourgeois.

100. — 1715, 3 décembre. — *Théonoë*, 5 actes; de La Roque (Pellegrin), Salomon.

101. — 1716, 20 avril. — *Ajax*, 5 actes; Mennesson, Bertin.

102. — 1716, 20 avril. — *Les Fêtes de l'été*, 3 actes; mademoiselle Barbier (Pellegrin), Montéclair.

103. — 1716, 3 novembre. — *Hypermnestre*, 5 actes; de Lafon, Philippe, duc d'Orléans, régent, et Gervais.

104. — 1719, 8 février. — *Fragments de Lulli*, 5 actes.

105. — 1717, 6 avril. — *Ariane et Thésée*, 5 actes; Lagrange-Chancel, Roy, Mouret.

106. — 1717, 9 novembre. — *Camille, reine des Volsques*, 5 actes; Danchet, Campra.

107. — 1718, 21 juin. — *Le Jugement de Pâris*, 3 actes ; mademoiselle Barbier (Pellegrin), Bertin.

108. — 1718, 9 octobre. — *Les Ages,* 3 actes ; Fuzelier, Campra.

109. — 1718, 7 décembre. — *Sémiramis,* 5 actes ; Roy, Destouches.

110. — 1719, 20 avril. — *Œnone,* 1 acte ; Roy, Destouches.

111. — 1719, 10 août. — *Les Plaisirs de la campagne,* 3 actes ; mademoiselle Barbier (Pellegrin), Bertin.

112. — 1719, 15 février. — *Polydore,* 5 actes ; Pellegrin, de La Serre, Batistin Struck.

113. — 1720, 16 mai. — *Les Amours de Protée,* 3 actes ; de Lafont, Gervais.

114. — 1721, 12 octobre. — *Le Soleil vainqueur des Nuages,* 5 actes ; Bordes, Clérambault.

115. — 1722, 5 mars. — *Renaud, ou la suite d'Armide,* 5 actes ; Pellegrin, Desmarest.

116. — 1722, 17 septembre. — *Les Fêtes de Thalie et la Provençale,* 1 acte.

117. — 1723, 26 janvier. — *Pirithoüs,* 5 actes ; de La Serre, Mouret.

118. — 1723, 13 juillet. — *Les Fêtes grecques et romaines*, 3 actes ; Fuzelier, Colin de Blamont.

119. — 1724, 24 août. — *Le Bal des Dieux*, cantate.

120. — 1725, 10 avril. — *La Reine des Féris*, 5 actes ; Fuzelier, Aubert.

121. — 1725, 29 mai. — *Les Éléments*, 4 actes ; Roy, de Lalande et Destouches.

122. — 1725, 6 novembre. — *Télégone*, 5 actes ; Pellegrin, Lacoste.

123. — 1726, 28 mars. — *Les Stratagèmes de l'Amour*, 3 actes ; Roy, Destouches.

124. — 1726, 28 mai. — *Ballet sans titre*, 4 actes.

125. — 1726, 17 octobre. — *Pyrame et Thisbé*, 5 actes ; de La Serre, F. Rébel et Francœur.

126. — 1727, 14 septembre. — *Les Amours des Dieux*, 4 actes ; Fuzelier, Mouret.

127. — 1728, 17 février. — *Orion*, 5 actes ; de Lafont, Pellegrin, Lacoste.

128. — 1728, 15 avril. — *Les Nouveaux Fragments*, ... ; Danchet, Campra.

129. — 1728, 29 juillet. — *La Princesse d'Élide*, 3 actes ; Molière, Pellegrin, de Villeneuve.

130. — 1728, 19 octobre. — *Tarsis et Zélie*, 5 actes ; de La Serre, F. Rébel et Francœur.

131. — 1729, 7 juin. — *Serpilla e Bajocco, ossia il Giocatore*, 3 actes.

132. — 1729, 14 juin. — *Don Micco e Lesbina*, 3 actes.

133. — 1729, 9 août. — *Les Amours des Déesses*, 3 actes; Fuzelier, Quinault (Jean-Baptiste Maurice).

134. — 1729, 15 septembre. — *Le Parnasse*, 1 acte; Pellegrin, Collin de Blamont.

135. — 1729, 15 octobre. — *L'Amour mutuel*; ***, Dutartre.

136. — 1730, 3 janvier. — *Pastorale C. dans Hésione*, de La Serre, F. Rébel.

137. — 1730, 8 octobre. — *Le Caprice d'Erato*, 1 acte; Fuzelier, Collin de Blamont.

138. — 1730, 26 octobre. — *Pyrrhus*, 5 actes; Fermelhuis, Royer.

139. — 1731, 18 janvier. — *Fragments de Lulli*, 1 acte.

140. — 1731, 17 mai. — *Endymion*, 5 actes; Fontenelle, Colin de Blamont.

141. — 1732, 28 février. — *Jephté*, 5 actes; Pellegrin, Montéclair.

142. — 1732, 5 juin. — *Le Triomphe des Sens*, 1 acte; Roy, Mouret.

143. — 1732, 6 novembre. — *Biblis*, 5 actes; Fleury, Lacoste.

144. — 1733, 14 avril. — *L'Empire de l'Amour*, 3 actes; de Moncrif, de Brassac.

145. — 1733, 1er octobre. — *Hippolyte et Aricie*, 5 actes; Pellegrin, Rameau.

146. — 1734, 9 février. — *La Fête de Diane*, 1 acte.

147. — 1734, 22 juillet. — *Les Fêtes nouvelles*, 3 actes; Massip, Duplessis.

148. — 1735, 24 février. — *Achille et Deïdamie*, 5 actes; Danchet, Campra.

149. — 1735, 5 mai. — *Les Grâces*, 3 actes; Roy, Mouret.

150. — 1735, 23 août. — *Les Indes galantes*, 1 acte; Fuzelier, Rameau.

151. — 1735, 27 octobre. — *Scanderbeg*, 5 actes; La Motte, de La Serre, F. Rébel et F. Francœur.

152. — 1736, 10 mars. — *Les Sauvages*, 1 acte.

153. — 1736, 3 mai. — *Les Voyages de l'Amour*, 4 actes; La Bruère, Boismortier.

154. — 1736, 23 août. — *Les Romans*, 4 actes; Bonneval, Niel.

155. — 1736, 18 octobre. — *Les Génies*, 4 actes; mademoiselle Duval, Fleury.

156. — 1737, 9 mai. — *Le Triomphe de l'Harmonie*, 3 actes; Le Franc de Pompignan, Grenet.

157. — 1737, 24 août. — *Castor et Pollux,* 5 actes; Bernard, Rameau.

158. — 1738, 15 avril. — *Les Caractères de l'Amour,* 3 actes; Ferrand, Tannevot, Pellegrin, Colin de Blamont.

159. — 1738, 29 mai. — *La Paix,* 3 actes; Roy, F. Rebel, F. Francœur.

160. — 1739, 21 mai. — *Les Fêtes d'Hébé,* ou *les Talents lyriques,* 3 actes; Mondorge, Rameau.

161. — 1739, 3 septembre. — *Dardanus,* 5 actes; La Bruère, Rameau.

162. — 1739, 19 novembre. — *Zaïade, reine de Grenade,* 3 actes; de La Marre, Royer.

163. — 1741, 11 avril. — *Niettétis,* 5 actes; de La Serre, Mion.

164. — 1741, 31 décembre. — *Le Temple de Gnide,* . . .; Bellis, Roy, Mouret.

165. — 1742, 30 janvier. — *Les Amours de Radegonde,* 3 actes; Néricault-Destouches, Mouret.

166. — 1742, 10 avril. — *Isbé,* 5 actes; La Rivière, Mondoville.

167. — 1743, 30 janvier. — *La Fête de Diane,* . . .; N. Destouches, Mouret.

168. — 1743, 12 février. — *Don Quichotte chez la Duchesse,* . . . ; Favart, Boismortier.

169. — 1743, 23 avril. — *Le Pouvoir de l'Amour,* 3 actes; Lefebvre de Saint-Marc, Royer.

170. — 1743, 20 août. — *Les Caractères de la Folie,* 3 actes; Duclos, de Bury.

171. — 1744, 11 juin. — *L'École des Amants,* 3 actes; Fuzelier, Niel.

172. — 1744, 7 juillet. — *L'Innocence.*

173. — 1744, 14 septembre. — *Les Mandolines,* . . . ; de Sodi, . . .

174. — 1744, 15 novembre. — *Les Augustales,* Roy, F. Rebel et F. Francœur.

175. — 1745, 17 mars. — *Zélindor, roi des Sylphes* Moncrif, F. Rebel et F. Francœur.

176. — 1745, 4 juin. — *Le Trophée,* 1 acte; Moncrif, F. Rebel et F. Francœur.

177. — 1745, 10 juillet. — *La Félicité,* 3 actes; F. Rebel et F. Francœur.

178. — 1745, 5 septembre. — *Jupiter vainqueur des Titans,* 5 actes; Bonneval, Colin de Blamont.

179. — 1745, 12 octobre. — *Les Fêtes de Polymnie,* 3 actes; Cahusac, Rameau.

180. — 1745, 27 novembre. — *Le Temple de la Gloire*, 3 actes; Voltaire, Rameau.

181. — 1746, 10 mai. — *Zélisca*, 3 actes; Sauvé de la Noue, Jéliotte.

182. — 1746, 4 octobre. — *Scylla et Glaucus*, 5 actes; d'Albaret, Leclerc.

183. — 1747, 11 avril. — *L'Année galante*, 4 actes; Roy, Mion.

184. — 1747, 29 février. — *Zaïs*, 4 actes; Cahusac, Rameau.

185. — 1747, 28 septembre. — *Daphnis et Chloë*, 3 actes; Laujon, Boismortier.

186. — 1748, 27 août. — *Pygmalion*, 1 acte; Balot de Sovot, Rameau.

187. — 1748, 10 septembre. — *Fragments*.

188. — 1748, 5 novembre. — *Les Fêtes de l'Hymen et de l'Amour*, ou *les Dieux en Égypte*, 3 actes; Cahusac, Rameau.

189. — 1749, 4 février. — *Platée*, ou *Junon jalouse*, 1 acte; d'Autreau, Balot de Sovot, Rameau.

190. — 1749, 5 décembre. — *Naïs*, ... ; Cahusac, Rameau.

191. — 1749, 23 septembre. — *Le Carnaval du Parnasse*, 3 actes; Fuzelier, Mondoville,

192. — 1749, 3 décembre. — *Zoroastre*, 5 actes; Cahusac, Rameau.

193. — 1750, 5 mai. — *Léandre et Héro*, 5 actes; Le Franc de Pompignan, de Brassac.

194. — 1750, 28 août. — *Fragments*, 4 actes; Moncrif, Rebel et Francœur.

195. — 1750, 20 novembre. — *Les Fêtes de Thétis*, 2 actes; Roy, Colin de Blamont.

196. — 1751, 18 février. — *Fragments*, 2 actes; Roy, de Bury, Laujon, de La Garde.

197. — 1751, 21 septembre. — *Les Génies tutélaires*, . . . ; Moncrif, Rebel et Francœur.

198. — 1751, 24 septembre. — *La Guirlande*, 1 acte; Marmontel, Rameau.

199. — 1751, ... — *La Fête de Pamylie*, . . . ; Cahusac, Rameau.

200. — 1751, 19 novembre. — *Acanthe et Céphise*, . . . ; Marmontel, Rameau.

201. — 1751, 2 décembre. — *Fragments* . . .

202. — 1752, 2 août. — *La Serva Padrona*, . . . ; Pergolèse.

203. — 1752, 22 août. — *Alphée et Aréthuse*, . . . ; Danchet, Campra.

204. — 1752, 22 août. — *Il Giocatore, ossia Serpilla e Bajocco*, 3 actes; Orlandini, Ristorini.

205. — 1752, 19 septembre. — *Il Maestro di musica ;*
. . , . .

206. — 1752, 7 novembre. — *Les Amours de Tempé,* 4 actes; Cahusac, Dauvergne.

207. — 1752, 30 novembre. — *La Finta Cameriera ;*
. . , . .

208. — 1752, 19 décembre. — *La Donna superba,* 2 actes; . . , . .

209. — 1753, 9 janvier. — *Titon et l'Aurore,* 3 actes; de La Marre, Mondonville.

210. — 1753, 1er mars. — *Le Jaloux corrigé,* 1 acte; Floriane, Collé, Blavet.

211. — 1753, 1er mars. — *Le Devin du village,* 1 acte; Jean-Jacques Rousseau, Granet.

212. — 1753, ... — *Lysis et Délie,* 1 acte; Marmontel, Rameau.

213. — 1753, 23 mars. — *La Scatra Governatrice,* 3 actes; . . . , Cocchi.

214. — 1753, ... — *Daphnis et Eglé,* . . . . . ; Collé, Rameau.

215. — 1753, 19 juin. — *Il Cinese Rimpatriato,* . . . . ; . . . , Seletti.

216. — 1753, ... — *La Zingara,* 2 actes; de Rimaldo di Capua.

217. — 1753, 23 septembre. — *Gli Artigiani arrichiti,* 2 actes; . . . , Latilla.

218. — 1753, 23 septembre. — *Il Paratagio,* 2 actes; . . . , Jomelli.

219. — 1753, 12 février. — *I Viaggatori,* 3 actes; . . . , Vincenzo Campi.

220. — 1753, 9 novembre. — *Bertoldo in corte,* 2 actes; . . . , Leonardo Leo.

221. — 1754, 29 décembre. — *Daphnis e Alcimadura,* 3 actes; Voisenon, Mondonville.

222. — 1755, 30 septembre. — *Ducalion et Pyrrha,* . . . . ; Sainte-Foix, Morand, Bertin et Giraud.

223. — 1755, 15 novembre. — *Fragments,* 3 actes.

224. — 1756, 10 janvier. — *Zoroastre,* . . . ; Cahusac, Rameau.

225. — 1756, 28 septembre. — *Célime, ou le Temple de l'Indifférence,* 1 acte; Chennevières, d'Herbain.

226. — 1757, 31 mai. — *Les Surprises de l'Amour,* 1 acte; Bernard, Rameau.

227. — 1757, 12 juillet. — *Les Sybarites,* 1 acte; Marmontel, Rameau.

228. — 1758, 14 février. — *Enée et Lavinie,* 5 actes; Fontenelle, Dauvergne.

229. — 1758, 9 mai. — *Les Fêtes de Paphos,* 3 actes; Collet, de La Bruère, Voisenon, Mondonville.

230. — 1758, 8 août. — *Les Fêtes d'Euterpe*, 4 actes; Moncrif, Danchet, Favart, Brunet, Dauvergne.

231. — 1759, 20 juillet. — *Fragments héroïques*, 4 actes; Fuzelier, Iso, Laurès.

232. — 1760, 12 février. — *Les Paladins*, 3 actes; Monticour, Rameau.

233. — 1760, 24 juin. — *Fragments*, 3 actes.

234. — 1760, 10 septembre. — *Le Prince de Noisy*, 3 actes; La Bruère, Rebel et Francœur.

235. — 1760, 11 novembre. — *Canente*, 5 actes; La Motte, Cury, Dauvergne.

236. — 1761, 3 avril. — *Hercule mourant*, 5 actes; Marmontel, Dauvergne.

237. — 1762, 6 juillet. — *Hylas et Zélie*, 1 acte; . . ., de Bury.

238. — 1762, 1er octobre. — *L'Opéra de société*, 1 acte; Mondorge, Giraud.

239. — 1763, 11 janvier. — *Polixène*, 5 actes; Joliveau, Dauvergne.

240. — 1765, 13 août. — *Fragments*, 4 actes.

241. — 1766, 15 avril. — *Aline, Reine de Golconde*, 3 actes; Sédaine, Monsigny.

242. — 1766, 17 juin. — *Fragments*, 2 actes.

243. — 1766, 30 août. — *Les Fêtes lyriques*, 3 actes; Bonneval, Moncrif, Francœur, Berton.

244. — 1766, 11 novembre. — *Sylvie*, 3 actes; Laujon, Berton et Trial.

245. — 1767, 13 janvier. — *Thésée*, 5 actes; Quinault, Mondonville.

246. — 1767, 18 août. — *Les Fragments lyriques*, 3 actes.

247. — 1767, 11 octobre. — *Les Fragments nouveaux*, 3 actes; Poinsinet, Berton, Trial et Grenier.

248. — 1767, 24 novembre. — *Ernelinde, princesse de Norwége*, 3 actes; Poinsinet, Philidor.

249. — 1768, 7 juin. — *Daphnis et Alcimadure*, 3 actes; de Mondonville, . . .

250. — 1768, 20 novembre. — *La Vénitienne*, 1 acte; La Motte, Dauvergne.

251. — 1769, 2 mai. — *Omphale*, 5 actes; La Motte, de Cardonne.

252. — 1769, 8 août. — *Fragments*, 4 actes; Brunet, Vachon.

253. — 1769, 1ᵉʳ décembre. *Psyché*, 5 actes; Molière, P. Corneille, Mondonville.

254. — 1770, 20 juin. — *La Tour enchantée*, 1 acte; de Villeroy, Joliveau, Dauvergne.

255. — 1770, 6 juillet. — *Fragments*, 3 actes.

256. — 1770, 11 décembre. — *Isménie et Isménias*, 3 actes; Laujon, Delaborde.

257. — 1771, 18 juin. — *Fragments*, 4 actes; Razins de Saint-Marc, Trial.

258. — 1771, 23 août. — *La Cinquantaine*, 3 actes; Desfontaines, Delaborde.

259. — 1771, 1er octobre. — *Fragments*, 3 actes; Joliveau, Dauvergne.

260. — 1771, 4 décembre. — *Amadis des Gaules*, 5 actes; Quinault, Delaborde.

261. — 1772, 10 juillet. — *Ballet héroïque*, 2 actes.

262. — 1772, 1er décembre. — *Adèle de Ponthieu*, 3 actes; Razins de Saint-Marc, Delaborde et Berton.

263. — 1773, 17 mars. — *Endymion*, 1 acte; Gaëtan Vestris.

264. — 1773, 16 juillet. — *Fragments héroïques*, 3 actes.

265. — 1773, 7 septembre. — *L'Union de l'Amour et des Arts*, 3 actes; Lemonnier, Floquet.

266. — 1773, 17 novembre. — *Isménor*, 3 actes; Desfontaines, Rodolphe.

267. — 1773, 20 novembre. — *Bellérophon*, 5 actes; Berton et Grenier.

268. — 1774, 22 février. — *Sabinus*, 5 actes; Chabanon, Gossec.

269. — 1774, 19 avril. — *Iphygénie en Aulide*, 3 actes; Racine, du Rollet, Glück.

270. — 1774, 2 août. — *Orphée et Eurydice*, 3 actes; Calsabigi et Moline, Glück.

271. — 1774, 15 novembre. — *Azolan, ou le Serment indiscret*, 3 actes; Lemonnier, Floquet.

272. — 1775, 28 février. — *Le Poirier*, . . . ; Vadé et Favart, Glück.

273. — 1775, 2 mai. — *Céphale et Procris*, 3 actes; Marmontel, Grétry.

274. — 1775, 1er août. — *Cythère assiégée*, 3 actes; Favart, Glück.

275. — 1775, 26 septembre. — *Fragments*, 3 actes; Chabanon, Gossec, Legros, Desorméry.

276. — 1775, 31 décembre. — *Médée et Jason*, 3 actes; Noverre.

277. — 1776, 23 avril. — *Alceste*, 3 actes; Calsabigi, du Rollet, Glück.

278. — 1776, 30 juillet. — *Les Romans*, 4 actes; Bonneval, Cambini.

279. — 1776, 30 septembre. — *Les Caprices de Galatée*, 1 acte; . . . , Noverre.

280. — 1776, 1er octobre. — *Fragments*, 2 actes; Boutillier, Desorméry.

281. — 1776, 1er octobre. — *Apelles et Campaspe*, 1 acte; Noverre, Rodolphe.

282. — 1777, 10 janvier. — *Alain et Rosette*, 1 acte; Boutillier, Pouteau.

283. — 1777, 21 janvier. — *Les Horaces*, 1 acte; Noverre, Stazzer.

284. — 1777, 15 mai. — *Fatmé, ou le Langage des fleurs*, 2 actes; Razins de Saint-Marc, Dezède.

285. — 1777, 23 septembre. — *Armide*, 5 actes; Quinault, Glück.

286. — 1777, 2 décembre. — *Myrtil et Lycoris*, Boutillier et Bocquet, Desorméry.

287. — 1778, 27 janvier. — *Roland*, 3 actes; Quinault et Marmontel, Piccini.

288. — 1778, 27 janvier. — *La Fête chinoise*, 1 acte; . . . . . , Noverre.

289. — 1778, 1er mars. — *La Chercheuse d'esprit*, 1 acte; Maximilien Gardel.

290. — 1778, 28 avril. — *Les Trois Ages de l'Opéra*, 1 acte; de Vismes, Grétry.

291. — 1778 (à Versailles). — *Phaon*, 2 actes; Watelet; N. Piccini.

292. — 1778, 26 mai. — *La Fête du village* . . . ; . . . ; N. Piccini.

293. — 1778, 1er juin. — *La Provençale*, 1 acte; Lafont; Candeille.

294. — 1778, 9 juin. — *Le Due Contesse*, 1 acte; . . . Paisiello.

295. — 1778, 9 juin. — *Annette et Lubin*, 1 acte; . . . , Noverre.

296. — 1778, 11 juin. — *Le Finte Gemelle*, ... , Piccini.

297. — 1778, ... — *Les Petits Riens*, ... , Noverre.

298. — 1778, 13 août. — *Il Curioso indiscretto*, . . . ; . . . . . . , Anfossi.

299. — 1778, 18 août. — *Ninette à la Cour*, 3 actes; Maximilien Gardel.

300. — 1778, 10 septembre. — *La Frascatana*, . . . ; . . . , Paisiello.

301. — 1778, 12 novembre. — *La Finta Giardiniera*, . . . , Anfossi.

302. — 1778, 7 décembre. — *La Buona Figliuola*; . . . ; Goldoni, Paisiello.

303. — 1779, 3 janvier. — *Hellé*, 3 actes; de La Boullaye (Lemonnier), Floquet.

304. — 1779, 18 janvier. — *Il Geloso in cimento*, . . .
. . ., Anfossi.

305. — 1779, 15 avril. — *La Buona Figliuola maritata*,
. . . ; N. Piccini.

306. — 1779, 22 avril. — *Le Devin du village*, 1 acte;
. . ., J.-J. Rousseau.

307. — 1779, 16 mai. — *Il Vago disprezzato*, . . . ;
. . ., N. Piccini.

308. — 1779, 18 mai. — *Iphygénie en Tauride*, 4 actes;
Guillard, Glück.

309. — 1779, 10 juin. — *L'Idolo Cinese*, . . . ; Paisiello et N. Piccini.

310. — 1779, 8 juillet. — *L'Amore Soldato*, . . .,
. . ., Sacchini.

311. — 1779, 15 juillet. — *La Toilette de Vénus*, . . . ;
. . ., Noverre.

312. — 1779, 4 août. — *Il Cavaliere errante*, . . . ;
. . ., Traëtta.

313. — 1779, 3 septembre. — *Il Matrimonio per inganno*, . . . ; . . ., Anfossi.

314. — 1779, 24 septembre. — *Écho et Narcisse*, 3 actes;
de Tschudy, Glück.

315. — 1779, 8 novembre. — *Mirza*, 3 actes; Maximilien Gardel.

316. — 1779, 14 décembre. — *Amadis des Gaules*, 3 actes; Quinault, Alphonse de Vismes, Chrétien Bach.

317. — 1780, 30 janvier. — *Médée*, 3 actes; Noverre, Rodolphe.

318. — 1780, 22 février. — *Atys*, 3 actes; Quinault, Marmontel, N. Piccini.

319. — 1780, 6 juin. — *Andromaque*, 3 actes; Racine et Pitra, Grétry.

320. — 1780, 2 juillet. — *Laure et Pétrarque*, . . . ; Moline, Candeille.

321. — 1780, ... — *Damète et Zulmis*, . . . ; Desriaux, Mayer.

322. — 1780, 2 septembre. — *Erixène, ou l'Amour enfant*, . . . ; Voisenon, M. A. Lésaugiers.

323. — 1780, 27 octobre. — *Persée*, 3 actes; Quinault, Marmontel, Philidor.

324. — 1780, 14 décembre. — *Le Seigneur bienfaisant*, 3 actes; Rochon de Chabannes, Floquet.

325. — 1781, 23 janvier. — *Iphygénie en Tauride*, 4 actes; Dubreuil, N. Piccini.

326. — 1781, 22 février. — *La Fête de Mirza*, 4 actes; Maximilien Gardel.

11.

327. — 1781, 3 mai. — *Apollon et Corohis*, ... ; Fuzelier; J.-B. et Joseph Rey.
328. — 1781, 20 août. — *La Fête de la Paix*, ... ; . . . ; Caminade.
329. — 1781, 21 septembre. — *L'Inconnue persécutée*, ... ; de Rozoy, Anfossi et Rochefort.
330. — 1781, 27 octobre. — *Adèle de Ponthieu*, 3 actes; Razins de Saint-Marc, Piccini.
331. — 1781, 19 décembre. — *Narcisse*, ou *l'Amant de lui-même*, ... ; . . . , Caminade.
332. — 1782, 1er janvier. — *Colinette à la cour*, 3 actes; Lourdet de Santerre, Grétry.
333. — 1782, 28 février. — *Thésée*, 3 actes; Quinault, Morel, Gossec.
334. — 1782, 2 juillet. — *Électre*, 3 actes; Guillard, Lemoine.
335. — 1782, 24 septembre. — *Fragments*, 3 actes; Moline; Edelmann, Pitra, Mayer.
336. — 1782, 26 novembre. — *L'Embarras des richesses*, 3 actes; Allainval et Lourdet de Santerre, Grétry.
337. — 1783, 28 février. — *Renaud*, 3 actes; Pellegrin et Lebœuf, Sacchini.
338. — 1783, 27 mai. — *Péronne sauvée*, 4 actes; de Sauvigny, Dezède.

339. — 1783, 26 août. — *Alexandre aux Indes*, 3 actes; Morel, de Méreaux.

340. — 1783, 1ᵉʳ décembre. — *Didon*, 3 actes; Marmontel, N. Piccini.

341. — 1784, 11 janvier. — *L'Oracle*, . . . ; Sainte-Foix et Maximilien Gardel.

342. — 1784, 15 janvier. — *La Caravane du Caire*, 3 actes; Monsieur, comte de Provence (Louis XVIII), Morel, Grétry.

343. — 1784, 9 février. — *Chimène, ou le Cid*, 3 actes; Corneille et Guillard, Sacchini.

344. — 1784, 15 mars. — *Tibulle et Délie*, . . . ; Fuzelier, mademoiselle de Beaumesnil.

345. — 1784, 26 avril. — *Les Danaïdes*, 5 actes; de Rollet et de Tschudy, Salieri.

346. — 1784, 29 juillet. — *La Rosière*, 3 actes; Maximilien Gardel.

347. — 1784, 7 septembre. — *Diane et Endymion*, 3 actes; de Liroux, N. Piccini.

348. — 1784, 10 octobre. — *Le Déserteur*, 3 actes; Maximilien Gardel.

349. — 1784, 30 novembre. — *Dardanus*, 4 actes; La Bruère et Guillard, Sacchini.

350. — 1785, 15 janvier. — *Panurge dans l'île des Lanternes*, 3 actes; le comte de Provence (Louis XVIII) et Morel, Grétry.

351. — 1785, 3 mai. — *Pizarre, ou la Conquête du Pérou*, 5 actes; Duplessis, Candeille.

352. — 1785, 26 juillet. — *Le Premier Navigateur, ou le Pouvoir de l'Amour*, 3 actes; Maximilien Gardel.

353. — 1785, 9 décembre. — *Pénélope*, 3 actes; Marmontel, N. Piccini.

354. — 1786, 25 avril. — *Thémistocle*, 3 actes; Morel, Philidor.

355. — 1786, 11 juillet. — *Rosine*, 3 actes; Gersin, Gossec.

356. — 1786, 15 juillet. — *Le Pied de bœuf*, . . . ; Maximilien Gardel.

357. — 1786, 29 août. — *La Toison d'or*, 3 actes; Desriaux, Vogel.

358. — 1786, 3 novembre. — *Les Sauvages*, . . . ; Maximilien et Pierre Gardel.

359. — 1786, 21 novembre. — *Phèdre*, . . . ; Hoffmann, Lemoyne.

360. — 1786, 7 décembre. — *Les Horaces*, . . . ; Guillard, Salieri.

361. — 1787, 1er février. — *Œdipe à Colone*, 3 actes; Guillard, Sacchini.

362. — 1787, 4 avril. — *Le Coq du village*, . . . ; Maximilien Gardel.

363. — 1787, 17 avril. — *Alcindor*, 3 actes; Rochon de Chabannes, Dezède.

364. — 1787, 8 juin. — *Tarare*, 5 actes; Caron de Beaumarchais, Salieri.

365. — 1787, 11 septembre. — *Le roi Théodore à Venise*, 3 actes; Moline, Paisiello.

366. — 1788, 30 avril. — *Arvire et Evélina*, 3 actes; Guillard, Sacchini et J.-B. Rey.

367. — 1788, 15 juillet. — *Amphitryon*, 3 actes; Molière et Sédaine, Grétry.

368. — 1788, 1er décembre. — *Démophon*, 3 actes; Marmontel, Chérubini.

369. — 1789, 17 mars. — *Aspasie*, 3 actes; Morel, Grétry.

370. — 1789, 2 juin. — *Les Prétendus*, . . . ; Rochon de Chabannes, Lemoyne.

371. — 1789, 22 septembre. — *Démophon*, 3 actes; Desriaux, Voguel.

372. — 1789, 11 décembre. — *Nephté*, 3 actes; Hoffmann, Lemoyne.

373. — 1790, 30 janvier. — *Les Pommiers et le Moulin*, . . . ; Forgeot, Lemoyne.

374. — 1790, 23 février. — *Télémaque dans l'île de Calypso*, 3 actes; P. Gardel, Miller.

375. — 1790, 30 avril. — *Antigone*, 3 actes; Marmontel, Zingarelli.

376. — 1790, 15 juin. — *Louis IX en Égypte*, . . : ; Guillard et Andrieux, Lemoyne.

377. — 1790, 13 juillet. — *La Prise de la Bastille;* Marc-Antoine Désaugiers.

378. — 1790, 22 octobre. — *Le Portrait,* ou *la Divinité du sauvage,* 2 actes; Saulnier, Champein.

379. — 1790, 14 décembre. — *Psyché,* 3 actes; Pierre Gardel, Miller.

380. — 1791, 15 février. — *Cora;* 4 actes; Valadier, Méhul.

381. — 1791, 8 mars. — *Corisandre,* 3 actes; de Linières et Lebailly; Langlé.

382. — 1791, 14 juin. — *Castor et Pollux,* 5 actes; Bernard, Rameau et Candeille.

383. — 1791, 10 septembre. — *L'Heureux Stratagème,* 2 actes; . . . , Louis Jadin.

384. — 1791, 11 décembre. — *Bacchus et Ariane,* . . . ; Gallet, Rochefort.

385. — 1791, 29 décembre. — *Œdipe à Thèbes,* 3 actes; Duprat de La Touloubre, de Méreaux.

386. — 1792, 2 octobre. — *L'Offrande à la Liberté;* P. Gardel, Gossec.

387. — 1793, 27 janvier. — *Le Triomphe de la République;* M.-J. Chénier, Gossec.

388. — 1793, 3 février. — *La Patrie reconnaissante ;* Lebœuf, Candeille.

389. — 1793, 5 mars. — *Le Jugement de Pâris,* 3 actes ; P. Gardel, Méhul.

390. — 1793, 20 mars. — *Le Mariage de Figaro,* 5 actes ; Notaris, de Beaumarchais, Mozart.

391. — 1793, 2 juin. — *Le Siége de Thionville,* 2 actes ; Saulnier et Duthil, Louis Jadin.

392. — 1793, 9 août. — *Fabius,* . . . ; J. Martin, dit Barouillet, de Méreaux.

393. — 1793, 26 octobre. — *La Montagne, ou la Fondation du temple de la Liberté ;* Desriaux, Fontenelle.

394. — 1793, 27 octobre. — *Apothéose de Marat et de Lepelletier.*

395. — 1793, 9 novembre. — *Miltiade à Marathon,* 2 actes ; Guillard, Lemoyne.

396. — 1793, 10 décembre. — *Fête de la Raison et de la Liberté.*

397. — 1793, 12 décembre. — *Les Muses, ou le Triomphe d'Apollon ;* Hus, Ragué.

398. — 1794, 5 janvier. — *Toute la Grèce, ou Ce que peut la Liberté ;* Beffroy de Reigny, Lemoyne.

399. — 1794, 18 février. — *Horatius Coclès,* . . . ; A. V. Arnault, Méhul.

400. — 1794, 4 mars. — *Toulon soumis*; Fabre d'Olivet, Rochefort.

401. — 1794, 5 avril. — *La Réunion du 10 Août, ou l'Inauguration de la République française*, 5 actes; Moline, Rouquier, Porta.

402. — 1794, 8 juin. —*Fête à l'Être suprême*; Louis David et Maximilien Robespierre.

403. — 1794, 23 août. — *Denis le Tyran, maître d'école à Corynthe*, . . . ; Sylvain Maréchal, Grétry.

404. — 1794, 2 septembre. — *La Rosière républicaine*, . . . ; Sylvain Maréchal, Grétry.

405. — 1794, ... — *Harmodius et Aristogiton*, 3 actes; Delrieu, . . .

406. — 1794, 29 septembre. — *Chant du départ*; J.-B. Chénier, Méhul.

407. — 1794, 11 octobre. — *L'Éducation de l'ancien et du nouveau régime, hommage à J.-J. Rousseau*, . . . ; Désorgues, Louis Jadin.

408. — 1795, 10 août. — *La Journée du 10 Août, ou la Chute du dernier tyran*, 4 actes; Saulnier et Darieux, R. Kreutzer.

409. — 1797, 17 janvier. — *Anacréon chez Polycrate*, 3 actes; J.-H. Guy, Grétry.

410. — 1797, 11 octobre. — *La Pompe funèbre du général Hoche,* . . . ; M.-J. Chénier, Chérubini.

411. — 1798, 7 mai. — *Le Chant des vengeances;* Rouget de l'Isle, Fred. E.

412. — 1798, 12 juillet. — *Apelles et Campaspe,* . . . . . ; Desmoustier, Eler.

413. — 1798, 4 septembre. — *Les Français en Angleterre,* 2 actes; Saulnier, Chrétien Kalkbrenner.

414. — 1798, 18 décembre. — *Olympie,* 3 actes; Voltaire et Guillard, Chrétien Kalkbrenner.

415. — 1799, 14 juin. — *La Nouvelle au camp de l'assassinat des ministres français à Rastadt.*

416. — 1799, 16 septembre. — *Léonidas, ou les Spartiates,* . . . ; Guilbert-Pixéricourt, Persuis et Gresnick.

417. — 1799, 27 novembre. — *Héro et Léandre,* . . . ; Milon, F.-C. Lefebvre.

418. — 1800, 5 mai. — *Hécube,* 3 actes; Milcent, Fontenelle.

419. — 1800, 14 juin. — *La Dansomanie,* 2 actes; P. Gardel, Méhul.

420. — 1800, 26 juillet. — *Praxitèle,* ou *la Ceinture,* . . . ; Milcent, madame Devismes.

421. — 1800, 20 août. — *Pygmalion*; 2 actes; Milon; F. C. Lefebvre.

422. — 1800, 10 octobre. — *Les Horaces*, 3 actes; Guillard; Porta.

423. — 1800, 24 décembre. — *La Création du monde*, 3 actes; Wan Svietten, Haydn, Ségur.

424. — 1801, 18 janvier. — *Les Noces de Gamache*, 2 actes; Milon, F.-C. Lefebvre.

425. — 1801, 28 février. — *Flaminius à Corinthe*, . . . ; Guilbert-Pixéricourt et Lambert; Kreutzer et Nicolo Isouard.

426. — 1801, 12 avril. — *Astyanax*, 3 actes; de Jaure, dit Bédéno, R. Kreutzer.

427. — 1801, 23 août. — *Les Mystères d'Isis*, 3 actes; Morel Lachnitch, Mozard, Haydn.

428. — 1801, 7 novembre. — *Le Casque et les Colombes*, . . . ; Guillard et Collin d'Harleville, Grétry.

429. — 1802, 3 mars. — *Le retour de Zéphyre*, ... ; Pierre Gardel.

430. — 1802, 14 avril. — *Chant des bardes en l'honneur de la paix et des héros français*; Baour-Lormian, Lesueur.

431. — 1802, 4 mai. — *Sémiramis*, 3 actes; Voltaire et Desriaux, Catel.

432. — 1802, 15 juillet. — *Ninette, ou le Caprice amoureux*; 3 actes; Maximilien Gardel.

433. — 1802, 14 septembre. — *Tamerlan*, 3 actes; Voltaire et Morel, Winter.

434. — 1803, 14 janvier. — *Daphnis et Pandrose*; 2 actes; Pierre Gardel, Méhul.

435. — 1803, 15 février. — *Delphis et Mopsa*, . . . ; Guy, Grétry.

436. — 1803, 30 mars. — *Proserpine*, 3 actes; Quinault et Guillard, Paisiello.

437. — 1803, 7 avril. — *Saül*, 3 actes; Deschamps, Després et Morel, Lachnitch et Kalkbrenner.

438. — 1804, 3 juin. — *Lucas et Laurette*, . . . ; Milon, F.-C. Lefebvre.

439. — 1804, 10 août. — *Mahomet II*, 2 actes; Saulnier, Louis Jadin.

440. — 1803, 5 octobre. — *Anacréon, ou l'Amour fugitif*, 2 actes; Mendouze, Chérubini.

441. — 1804, 9 février. — *Le Connétable de Clisson*, 3 actes; Aignan, Porta.

442. — 1804, 13 avril. — *Le Pavillon du calife, ou Almanzor*; 2 actes; Deschamps, Després et Morel, Deleyrac.

443. — 1804, 10 juillet. — *Ossian, ou les Bardes*, 5 actes; Dercy et Deschamps, Lesueur.

444. — 1804, 14 août. — *Thrasybule*, 1 acte; Beaunier, Berton (Henri Montan).

445. — 1804, 23 octobre. — *Zénor et Melzy*, . . . ; . . . , Pierre Gardel.

446. — 1804, 18 décembre. — *Achille à Scyros*, 3 actes; P. Gardel, Chérubini.

447. — 1805, 10 avril. — *La Prise de Jéricho*, 3 actes; J.-M. Deschamps, Després et Morel, Lachnitch, Kalkbrenner.

448. — 1805, 10 mai. — *Acis et Galathée*, 1 acte; Duport, Darondeau et Gianella.

449. — 1805, 17 septembre. — *Don Juan*, 3 actes; Thuring et Baillot, Kalkbrenner.

450. — 1805, 29 octobre. — *L'Amour à Cythère*, 2 actes; Henry (Bonnachon), Gaveaux.

451. — 1806, 4 février. — *Écho et Narcisse*, 2 actes; Glück, Beaunier, Berton.

452. — 1806, 25 mars. — *Austerlitz* (ballet).

453. — 1806, 6 avril. — *Nephtali, ou les Ammonites*, 3 actes; Aignan, Blangini.

454. — 1806, 30 mai. — *Le Barbier de Séville*, 3 actes; Blache, L. Duport.

455. — 1806, 25 juin. — *Paul et Virginie*, 3 actes; P. Gardel, R. Kreutzer.

456. — 1806, 17 août. — *L'Hymen de Zéphire, ou le Volage fixé*, . . . ; . . . . , L. Duport.

457. — 1806, 19 août. — *Castor et Pollux*, 5 actes; Bernard, Morel, Winter.

458. — 1807, 2 janvier. — *L'Inauguration du temple de la Gloire*; Baour-Lormian, Lesueur et Persuis.

459. — 1807, 27 février. — *Ulysse* (ballet), 3 actes; Milon, Persuis.

460. — 1807, 23 octobre. — *Le Triomphe de Trajan*, 3 actes; Esménard, Lesueur et Persuis.

461. — 1807, 11 décembre. — *La Vestale*, 3 actes; Etienne (de Jouy), Spontini.

462. — 1808, 8 mars. — *Les Amours d'Antoine et de Cléopâtre*, 3 actes; Aumer, R. Kreutzer.

463. — 1808, 24 mai. — *Aristippe*, 2 actes; Giraud et Leclerc, R. Kreutzer.

464. — 1808, 4 octobre. — *Vénus et Adonis*, . . . ; P. Gardel, Lefebvre fils.

465. — 1808, 20 décembre. — *Alexandre chez Apelles*, 2 actes; P. Gardel, Catel.

466. — 1809, 17 mars. — *La Mort d'Adam et son Apothéose*, 3 actes; Guillard, Lesueur.

467. — 1809, 28 novembre. — *Fernand Cortez, ou la Conquête du Mexique*, 3 actes; Piron, Esménard et Jouy, Spontini.

468. — 1809, 26 décembre. — *La Fête de Mars*; P. Gardel, R. Kreutzer.

469. — 1810, 24 janvier. — *Hippomène et Atalante*, . . . ; Lehoc, Louis Piccini.

470. — 1810, ... — *Vertumne et Pomone*, . . . ; P. Gardel, Lefebvre.

471. — 1810, 23 mars. — *Abel*, 3 actes; Hoffmann, R. Kreutzer.

472. — 1810, 8 juin. — *Persée et Andromède*, . . . ; P. Gardel, Méhul.

473. — 1810, 8 août. — *Les Bayadères*, 3 actes; Jouy, Catel.

474. — 1811, 27 mars. — *Le Triomphe du mois de Mars, ou le Berceau d'Achille*; E. Dupaty, R. Kreutzer.

475. — 1811, 16 avril. — *Sophocle*, 3 actes; Morel, Fiocchi.

476. — 1811, 25 juin. — *L'Enlèvement des Sabines*, 3 actes; Milon, H.-M. Berton.

477. — 1811, 17 décembre. — *Les Amazones, ou la Fondation de Thèbes*, 3 actes; Jouy, Méhul.

478. — 1812, 28 avril. — *L'Enfant prodigue*, 3 actes; P. Gardel, Berton.

479. — 1812, 26 mai. — *Œnone*, 2 actes; Lebailly, Kalkbrenner père et fils.

480. — 1812, 15 septembre. — *Jérusalem délivrée*, 5 actes; Baour-Lormian, Persuis.

481. — 1813, 5 février. — *Le Laboureur chinois*, ...; J.-M. Deschamps, Després et Morel, Berton.

482. — 1813, 6 avril. — *Les Abencerrages*, 3 actes; Jouy, Chérubini.

483. — 1813, 10 août. — *Médée et Jason*, 3 actes; Milcent, Fontenelle.

484. — 1813, 23 novembre. — *Nina, ou la Folle par lamour*, 2 actes; Milon, Daleyrac et Persuis.

485. — 1814, 31 janvier. — *L'Oriflamme*; Baour-Lormian et Étienne, Méhul, Berton, Paër.

486. — 1814, 8 mars. — *Alcibiade solitaire*, 2 actes; Barouillet et Cuvelier, Alex. Piccini.

487. — 1814, 23 août. — *Pélage, ou le Roi de la paix*, 2 actes; Jouy, Spontini.

488. — 1815, 4 avril. — *L'Épreuve villageoise*, 2 actes. Desforges et Milon, Grétry et Persuis.

489. — 1815, 30 mai. — *La Princesse de Babylone*; ...; Vigée et Morel, Kreutzer.

490. — 1815, 25 juillet. — *L'Heureux Retour*; Milon et P. Gardel, Kreutzer et Persuis.

491. — 1815, 12 décembre. — *Flore et Zéphire,* 2 actes; Didelot, Hus-Desforges et Venna.

492. — 1816, 22 février. — *Le Carnaval de Venise,* 2 actes; Kreutzer et Persuis.

493. — 1816, 23 avril. — *Le Rossignol,* . . . ; Étienne, Lebrun.

494. — 1816, 21 juin. — *Les Dieux rivaux,* ou *les Fêtes de Cythère,* . . . ; Briffault et Dieulafoi, Berton, Kreutzer, Spontini.

495. — 1816, 30 juillet. — *Nathalie,* ou *la Famille russe,* 3 actes; Guy, Reicha.

496. — 1816, 26 novembre. — *Les Sauvages de la mer du Sud,* . . . ; Milon, F.-C. Lefebvre.

497. — 1817, 4 mars. — *Roger de Sicile,* ou *le Troubadour,* 3 actes; Guy, Berton.

498. — 1817, 28 mai. — *Fernand Cortez* (reconstruit par ses auteurs).

499. — 1817, 17 septembre. — *Les Fiancés de Caserte,* . . . ; Gardel, Milon, Dugazon.

500. — 1818, 19 janvier. — *Zéloïde,* ou *les Fleurs enchantées,* 2 actes; Étienne, Lebrun.

501. — 1818, 14 février. — *Proserpine,* 3 actes; Gardel, Schneitzhœffer.

502. — 1818, 20 mars. — *Les Croisés,* ou *la Délivrance de Jérusalem,* . . . . Stadler.

503. — 1818, 9 juin. — *Zirphile et Fleur de myrte*, 2 actes; Jouy et N. Lefebvre, Catel.

504. — 1818, 18 juin. — *Le Séducteur au village*, 2 actes; Albert (Decombe), Schneitzhœffer.

505. — 1818, 30 septembre. — *La Servante justifiée*, 2 actes; Gardel, Kreutzer.

506. — 1818, 16 novembre. — *Les Jeux Floraux*, 3 actes; Bouilly, L. Aimon.

507. — 1819, 3 février. — *Tarare*, 3 actes; par Désaugiers fils aîné.

508. — 1819, 20 décembre. — *Olympie*, 3 actes; Voltaire, Dieulafoi, Briffault et Bujac, Spontini.

509. — 1820, 19 juin. — *Clari*, ou *la Promesse de mariage*, 3 actes; Milon, Kreutzer.

510. — 1820, 17 juillet. — *Aspasie et Périclès*, . . . ; Viennet, Daussoigne.

511. — 1820, 18 octobre. — *Les Pages du duc de Vendôme*, . . . ; Aumer, Gyrowetz.

512. — 1821, 7 février. — *La Mort du Tasse*, 3 actes; Cuvellier et Hélitas de Meun, Garcia.

513. — 1821, 20 mars. — *Stratonice*, . . . ; Hoffmann, Méhul, Daussoigne.

514. — 1821, 24 mai. — *Blanche de Provence*, 3 actes; Théaulon, de Rancé, Chérubini Berton.

515. — 1821, 6 septembre. — *La Fête hongroise*, 3 actes; ..., Aumer.

516. — 1822, 6 février. — *Aladin*, ou *la Lampe merveilleuse*, 3 actes; Étienne, Nicolo-Isouard et Benincori.

517. — 1822, 26 juin. — *Florestan*, ou *le Conseil des Dix*, 3 actes; Delrieu, Garcia.

518. — 1822, 18 septembre. — *Alfred le Grand*, 3 actes; Aumer, W. Robert de Gallenberg.

519. — 1822, 16 décembre. — *Sapho*, 3 actes; Empis et Cournol, Reicha.

520. — 1823, 3 mars. — *Cendrillon*, ...; Étienne et Albert (Decombe).

521. — 1823, 11 juin. — *Virginie*, 3 actes; Désaugiers aîné, Berton.

522. — 1823, 8 septembre. — *Lasthénie*, ...; Chaillou, Hérold.

523. — 1823, 1ᵉʳ octobre. — *Aline, reine de Golconde*, ...; Aumer, Dugazon.

524. — 1823, 5 décembre. — *Vendôme en Espagne*, ...; Empis et Mennechet, Boïeldieu, Auber

525. — 1823, 18 décembre. — *Le Page inconstant*, 3 actes; Dauberval, Aumer.

526. — 1824, 31 mars. — *Ipsiboé*, 4 actes; Moline de Saint-Yon, Kreutzer.

527. — 1824, 12 juillet. — *Les Deux Salem*, . . . ; Paulin de Lespinasse, Daussoigne.

528. — 1824, 20 octobre. — *Zémire et Azor*, 3 actes; Deshayes, Schneitzhœffer.

529. — 1825, 2 mars. — *La Belle au bois dormant*, 3 actes; Planard, Carafa.

530. — 1825, 10 juin. — *Pharamond*, 3 actes; Ancelot, Guiraud et Soumet, Berton, Kreutzer, Boïeldieu.

531. — 1826, 17 octobre. — *Don Sanche, ou le Château d'Amour*, . . . ; Théaulon, de Rancé, Litz.

532. — 1826, 29 mai. — *Mars et Vénus, ou les Filets de Vulcain*, 4 actes; Blache père, Schneitzhœffer.

533. — 1826, 9 octobre. — *Le Siège de Corinthe*, 3 actes; Ballochi et Soumet, Rossini.

534. — 1827, 29 janvier. — *Astolphe et Joconde*, 2 actes; Aumer, Hérold.

535. — 1827, 26 février. — *Moïse*, 4 actes; Ballochi et Jouy, Rossini.

536. — 1827, 11 juin. — *Le Sicilien, ou l'Amour peintre*, . . . ; A. Petit, F. Sor.

537. — 1827, 29 juin. — *Macbeth*, 3 actes; Rouget de l'Isle et A. Hix, Chélard.

538. — 1827, 19 septembre. — *La Somnambule*, 3 actes; Scribe et Aumer, Hérold.

539. — 1827, 10 novembre. — *La Fille mal gardée*, 2 actes; Dauberval, Haumer, Hérold.

540. — 1828, 29 février. — *La Muette de Portici*, 5 actes, Scribe et G. Delavigne, Auber.

541. — 1828, 28 avril. — *Le Comte Ory*, 2 actes; Scribe et Delestre-Poirson, Rossini.

542. — 1829, 27 avril. — *La Belle au bois dormant*, 4 actes; Scribe et Aumer, Hérold.

543. — 1829, 3 août. — *Guillaume Tell*, 4 actes; H. Bis et Jouy, Rossini.

544. — 1830, 15 mars. — *François Ier à Chambord*, 2 actes; Moline de Saint-Yon et Fougeroux, P. de Gineste.

545. — 1830, 30 avril. — *Manon Lescaut*, 3 actes; Scribe et Aumer, Halévy.

546. — 1830, 13 octobre. — *Le Dieu et la Bayadère*, 2 actes; Scribe, Auber.

547. — 1831, 6 avril. — *Euriante*, 3 actes; Castil-Blaze, C.-M. Weber.

548. — 1831, 18 juillet. — *L'Orgie*, 3 actes; Scribe et Coralli, Carafa.

549. — 1831, 13 octobre. — *Le Philtre*, 2 actes ; Scribe, Auber.

550. — 1831, 21 novembre. —*Robert le Diable*, 5 actes ; Scribe et G. Delavigne, Meyerbeer.

551. — 1832, 12 mars. — *La Sylphide*, 2 actes ; Ad. Nourrit et Taglioni, Schneitzhœffer.

552. — 1832, 20 juin. — *La Tentation*, 5 actes ; Cavé et Coralli, Halévy et C. Gide.

553. — 1832, 1er octobre. — *Le Serment*, ou *les Faux Monnayeurs*, 3 actes ; Scribe et Mazères, Auber.

554. — 1832, 7 novembre. — *Nathalie*, ou *la Laitière suisse*, 2 actes ; Taglioni, Gyrowetz et Carafa.

555. — 1833, 27 février. — *Gustave III*, ou *le Bal masqué*, 5 actes ; Scribe, Auber.

556. — 1833, 22 juillet. — *Ali Baba*, ou *les Quarante Voleurs*, 5 actes ; Scribe, Mélesville, Chérubini.

557. — 1833, 4 décembre. — *La Révolte au sérail*, 3 actes ; Taglioni, Th. Labarre.

558. — 1834, 10 mars. — *Don Juan*, 5 actes ; Castil-Blaze, A.-H. Castil-Blaze, E. Deschamps (Mozart).

559. — 1834, 10 septembre. — *La Tempête*, ou *l'Ile des Génies*, 2 actes ; Ad. Nourrit et Coralli, Schneitzhœffer.

560. — 1835, 23 février. — *La Juive*, 5 actes ; Scribe, Halévy.

561. — 1835, 8 avril. — *Bresilia*, . . . ; Taglioni, de Gallemberg.

562. — 1835, 12 avril. — *L'Ile des pirates*, 4 actes ; Ad. Nourrit et Henry (Bonnachon), C. Gide.

563. — 1836, 29 février. — *Les Huguenots*, 5 actes ; Scribe et E. Deschamps, Meyerbeer.

564. — 1836, 1er juin. — *Le Diable boiteux*, 3 actes ; Berat de Gurgy, Ad. Nourrit et Coralli, C. Gide.

565. — 1836, 21 septembre. — *La Fille du Danube*, 2 actes ; Taglioni, Adam.

566. — 1836, 14 novembre. — *La Esmeralda*, 4 actes ; Victor Hugo, mademoiselle Louise Bertin.

567. — 1837, 3 mars. — *Stradella*, 5 actes ; E. Deschamps et E. Pacini, Niedermayer.

568. — 1837, 16 octobre. — *La Chatte métamorphosée en femme*, 3 actes ; Duveyrier et Coralli, Montfort.

569. — 1838, 5 mars. — *Guido et Ginevra, ou la Peste de Florence*, 5 actes ; Scribe, Halévy.

570. — 1838, 5 mai. — *La Volière*, . . . ; mademoiselle Thérèse Essler, C. Gide.

571. — 1838, 3 septembre. — *Benvenuto Cellini*; 2 actes; L. de Vailly et Aug. Barbier, H. Berlioz.

572. — 1839, 28 janvier. — *La Gipsy*, 3 actes; de Saint-Georges et Mazillier; Benoist, A. Thomas, Marliani.

573. — 1839, 1er avril. — *Le Lac des Fées*, 5 actes; Scribe et Mélesville, Auber.

574. — 1839, 24 juin. — *La Tarentule*, 2 actes; Scribe et Coralli; C. Gide.

575. — 1839, 11 septembre. — *La Vendetta*, 3 actes; Léon et Adolphe; H. de Ruolz.

576. — 1839, 28 octobre. — *La Xacarilla*, 3 actes; Scribe, Marliani.

577. — 1840, 6 janvier. — *Le Drapier*, 3 actes; Scribe, Halévy.

578. — 1840, 10 avril. — *Les Martyrs*, 4 actes; P. Corneille, Nourrit et Scribe, Donizetti.

579. — 1840, 23 septembre. — *Le Diable amoureux*, 3 actes; de Saint-Georges et Mazillier, Benoist et Reber.

580. — 1840, 7 octobre. — *Loyse de Montfort*, 3 actes; E. Deschamps, Bazin.

581. — 1840, 2 décembre. — *La Favorite*, 4 actes; Scribe, A. Royer et G. Waëz, Donizetti.

582. — 1841, 19 avril. — *Carmagnola*, 2 actes ; Scribe, A. Thomas.

583. — 1841, 7 juin. — *Le Freyschutz*, 3 actes ; E. Pacini, H. Berlioz, C.-M. Weber.

584. — 1841, 28 juin. — *Giselle*, ou *les Willis*, 2 actes ; de Saint-Georges et Albert (Decombe), Adam.

585. — 1841, 22 décembre. — *La Reine de Chypre*, 5 actes ; de Saint-Georges, Halévy.

586. — 1842, 22 juin. — *Le Guerillero*, 2 actes ; Théodore Anne, A. Thomas.

587. — 1842, 22 juin. — *La Jolie Fille de Gand*, 3 actes ; de Saint-Georges et Albert (Decombe), Adam.

588. — 1842, 9 novembre. — *Le Vaisseau Fantôme*, 2 actes ; Paul Foucher, Dietsch.

589. — 1843, 22 février. — *La Péri*, 2 actes ; Th. Gautier et Coralli, Burgmüller.

590. — 1843, 15 mars. — *Charles VI*, 5 actes ; Casimir Delavigne, Halévy.

591. — 1843, 13 novembre. — *Dom Sébastien roi de Portugal*, 5 actes ; Scribe, Donizetti.

592. — 1844, 21 février. — *Lady Henriette*, ou *la Servante de Greenwich*, 3 actes ; de Saint-Georges, Mazillier, Flottow, Burgmüller, Deldevez.

593. — 1844, 29 mars. — *Le Lazzarone,* 2 actes ; de Saint-Georges, Halévy.

594. — 1844, 7 août. — *Eucharis,* 2 actes ; Léon Pillet et Coralli, Deldevez.

595. — 1844, 2 septembre. — *Othello,* 3 actes ; Rossini, A. Royer, G. Waëz.

596. — 1844, 7 octobre. — *Richard en Palestine,* 3 actes ; Paul Foucher, Adam.

597. — 1844, 6 décembre. — *Marie Stuart,* 5 actes ; Th. Anne, Niedermeyer.

598. — 1845, 11 août. — *Le Diable à quatre,* 3 actes ; de Leuven et Mazillier, Adam.

599. — 1845, 17 décembre. — *L'Étoile de Séville,* 4 actes ; Hippolyte Lucas, Balfe.

600. — 1846, 20 février. — *Lucie de Lammermoor,* 3 actes ; A. Royer et G. Waëz, Donizetti.

601. — 1846, 21 mars. — *Moïse au Sinaï,* 1 acte ; Collin, Félicien David.

602. — 1846, 1er avril. — *Paquita,* 2 actes ; Paul Foucher et Mazillier, Deldevez.

603. — 1846, 3 juin. — *David,* 3 actes ; A. Soumet et F. Malefille, Mermet.

604. — 1846, 29 juin. — *L'Ame en peine,* 2 actes ; de Saint-Georges, de Flottow.

605. — 1846, 16 juillet. — *Betty,* 2 actes ; A. Duval et Mazillier, A. Thomas.

606. — 1846, 30 décembre. — *Robert Bruce*, 2 actes ; Royer et G. Waëz, Niedermeyer, Rossini.

607. — 1847, 26 avril. — *Ozaï*,... ; Coralli, C. Gide.

608. — 1847, 31 mai. — *La Bouquetière*, 2 actes ; Hippolyte Lucas, Adam.

609. — 1847, 21 octobre. — *La Fille de marbre*, 3 actes ; Saint-Léon, Pugni.

610. — 1847, 26 novembre. — *Jérusalem*, 4 actes ; A. Royer et G. Waëz, Verdi.

611. — 1848, 16 février. — *Griseldis*, ou *les Cinq Sens*, 5 actes ; Dumanoir, Mazillier, Adam.

612. — 1848, 16 juin. — *L'Apparition*, 2 actes ; G. Delavigne, Benoist.

613. — 1848, 20 août. — *Nisida*, ou *les Amazones des Açores*, 2 actes ; Mabille et Deligny, Benoist.

614. — 1848, 25 août. — *L'Éden*, 1 acte ; Méry, Félicien David.

615. — 1848, 20 octobre. — *La Vivandière*, 1 acte ; Saint-Léon, Pugni.

616. — 1848, 6 novembre. — *Jeanne la Folle*, 5 actes ; Scribe, Clapisson.

617. — 1849, 19 janvier. — *Le Violon du Diable*, 2 actes ; Saint-Léon, Pugni.

618. — 1849, 16 avril. — *Le Prophète,* 5 actes ; Scribe, Meyerbeer.

619. — 1849, 8 octobre. — *La Filleule des Fées*, 4 actes ; de Saint-Georges et Perrot, Adam et de Saint-Julien.

620. — 1849, 24 décembre. — *Le Fanal,* 4 actes ; de Saint-Georges, Adam.

621. — 1850, 22 février. — *Stella,* ou *les Contrebandiers,* 2 actes ; Saint-Léon, Pugni.

622. — 1850, 6 décembre. — *L'Enfant prodigue,* 5 actes ; Scribe, Auber.

623. — 1851, 15 janvier. — *Paquerette,* . . . ; Th. Gautier et Saint-Léon, Benoist.

624. — 1851, 17 mars. — *Le Démon de la nuit,* 2 actes ; Bayard et Arago, Rosenhain.

625. — 1851, 16 avril. — *Sapho*, 3 actes ; Augier, Gounod.

626. — 1851, 16 mai. — *Zerline,* ou *la Corbeille d'oranges,* 3 actes ; Scribe, Auber.

627. — 1851, 16 août. — *Les Nations* ; de Banville, Adam.

628. — 1851, 24 novembre. — *Vert-Vert,* 3 actes ; de Leuven et Mazillier, Deldevez et Tolbecque.

629. — 1852, 23 avril. — *Le Juif errant,* 5 actes ; Scribe et de Saint-Georges, Halévy.

630. — 1852, 29 décembre. — *Orfa,* 2 actes; Leroy, Trianon et Mazillier, Adam.

631. — 1853, 2 février. — *Louise Miller,* 2 actes; de Verdi, Allafre, E. Pacini.

632. — 1853, 2 mai. — *La Fronde,* 5 actes; Maquet et J. Lacroix, Niedermeyer.

633. — 1853, 21 septembre. — *Œlia et Mysis,* 2 actes; Mazillier, H. Potier.

634. — 1853, 17 octobre. — *Le Maître chanteur,* 2 actes; H. Trianon, Limnander.

635. — 1853, 11 novembre. — *Jovita, ou les Boucaniers,* 2 actes; Mazillier, E. Delabarre.

636. — 1853, 9 décembre. — *Le Barbier de Séville,* 4 actes; Beaumarchais et Castil-Blaze, Rossini.

637. — 1853, 27 décembre. — *Bethly,* 2 actes; H. Lucas, Donizetti.

638. — 1854, 31 avril. — *Gemma,* 2 actes; Th. Gautier et madame Cerrito Saint-Léon, Gabrielli.

639. — 1854, 18 octobre. — *La Nonne sanglante,* 5 actes; Scribe et G. Delavigne, Gounod.

640. — 1855, 8 janvier. — *La Fonti,* 2 actes; Mazillier, Th. Labarre.

641. — 1855, 13 juin. — *Les Vêpres siciliennes,* 5 actes; Scribe, Verdi.

642. — 1855, 27 septembre. — *Sainte-Claire,* 3 actes; Gust. Oppelt, E. duc de Saxe-Cobourg.

643. — 1855, 24 décembre. — *Pantagruel,* 2 actes; Trianon, Th. Labarre.

644. — 1856, 23 janvier. — *Le Corsaire,* 3 actes; Saint-Georges, Mazillier, A. Adam.

645. — 1856, 11 août. — *Les Elfes,* 3 actes; Saint-Georges, Mazillier, Gabrielli.

646. — 1856, 10 novembre. — *La Rose de Florence* 2 actes; Saint-Georges, Biletta.

647. — 1857, 12 janvier. — *Le Trouvère,* 4 actes; Pacini, Verdi.

648. — 1857, 1er avril. — *Marco Spada,* 3 actes; Mazillier, Auber.

649. — 1857, 20 avril. — *François Villon,* 1 acte; Got, Membrée.

650. — 1857, 21 septembre. — *Le Cheval de bronze,* 4 actes; Scribe, Auber.

651. — 1858, 17 mars. — *La Magicienne,* 5 actes; Saint-Georges, Halévy.

652. — 1858, 14 juillet. — *Sacountala,* 2 actes; Th. Gautier, Petipa, Reyer.

653. — 1859, 4 mars. — *Herculanum*, 4 actes; Méry, Hadot, F. David.

654. — 1859, 7 septembre. — *Roméo et Juliette*, 4 actes; Nuitter, Bellini.

655. — 1860, 9 mars. — *Pierre de Médicis*, 4 actes; Saint-Georges, Pacini, Prince Poniatowsky.

656. — 1860, 9 juillet. — *Sémiramis*, 4 actes; Méry, Rossini.

657. — 1860, 25 août. — *L'Annexion* (cantate). Méry, J. Cohen.

658. — 1860, 26 novembre. — *Le Papillon*, 2 actes; Taglioni, Saint-Georges, Offenbach.

659. — 1861, 13 mars. — *Tannhäuser*, 3 actes; Nuitter, Richard Wagner.

660. — 1861, 25 mars. — *Graziosa*, 1 acte; Derley, Petipa, Th. Labarre.

661. — 1861, 29 mai. — *Le Marché des Innocents*, 1 acte; Petipa, Pugni.

662. — 1861, 15 août. — *Cantate* (*Le 15 Août*). Pacini, Eug. Gautier.

663. — 1861, 20 novembre. — *L'Étoile de Messine*, 2 actes; Paul Foucher, Bozzi, Gabrielli.

664. — 1861, 30 décembre. — *La Voix humaine*, 2 actes; Melesville, Alary.

665. — 1862, 28 février. — *La Reine de Saba*, 4 actes; M. Carré, F. Barbier, Gounod.

666. — 1862, 15 août. — *Cantate (Fête de Napoléon III)*. Nérée Desarbres, Semet.

667. — 1863, 6 mars. — *La Mule de Pedro*, 2 actes; Dumanoir, V. Massé.

668. — 1863, 6 juillet. — *Diavolina*, 1 acte; Saint-Léon, Pugni.

669. — 1863, 15 août. — *Mexico* (cantate). Ed. Fournier, Gastinel.

670. — 1864, 19 février. — *La Maschera*, 3 actes; Saint-Georges, Rota, Giorza.

671. — 1864, 9 mars. — *Le Docteur Magnus*, 1 acte; Cormon, M. Carré, Boulanger.

672. — 1864, 11 juillet. — *Néméa*, 2 actes; Meilhac, L. Halévy, Saint-Léon, Minkous.

673. — 1864, 15 août. — *Cantate*; Meilhac, L. Halévy, Duprato.

674. — 1864, 3 octobre. — *Roland*, 5 actes; Mermet.

675. — 1864, 18 novembre. — *Ivanhoë* (cantate). Roussy, V. Sieg.

676. — 1865, 28 avril. — *L'Africaine*, 5 actes; Scribe, Meyerbeer.

677. — 1865, 15 août. — *Cantate*; Méry, L. Delibes.

678. — 1865, 28 décembre. — *Le Roi d'Yvetot*, 1 acte; de Massa, Labarre, Petipa.

679. — 1866, 15 août. — *Cantate*. Ed. Fournier, Wekerlin.

680. — 1866, 12 novembre. — *La Source*, 3 actes; Nuitter, Saint-Léon, Delibes, Minkous.

681. — 1867, 11 mars. — *Don Carlos*, 5 actes; Méry, Dulocle, Verdi.

682. — 1867, 15 août. — *Cantate*. E. Pacini, Rossini.

683. — 1867, 21 octobre. — *La Fiancée de Corinthe*, 1 acte; Dulocle, Duprato.

684. — 1868, 9 mars. — *Hamlet*, 5 actes; M. Carré, J. Barbier, A. Thomas.

HISTOIRE DES BALS MASQUÉS.

Le 8 janvier 1713, deux ans sept mois et vingt-deux jours avant sa mort, dont l'heure sonna le 1ᵉʳ septembre 1715, le roi Louis XIV, complétement revenu des plaisirs de ce monde, placé entre sa femme, madame de Maintenon, et son confesseur, le P. Le Tellier, octroya à son Académie de musique le privilége exclusif des bals masqués.

Deux motifs, l'un d'intérêt pécuniaire, l'autre de police, presque de politique, prévalurent en cette circonstance.

En 1712, Louis XIV avait fait construire l'hôtel de l'Académie royale de musique.

Centre de l'administration, bibliothèque, conservatoire

des études, bureaux de copie, ateliers des tailleurs, cet édifice, renfermant encore un théâtre pour les répétitions, avait été élevé dans la rue Saint-Nicaise, au prix de cent vingt mille livres, dont le payement fut imposé aux nouveaux privilégiés.

D'un autre côté, les fréquents désordres des nombreux bals, où la surveillance devenait impossible, avait pour ainsi dire nécessité la concentration, en un immense caravansérail dansant, sous l'œil vigilant d'une garde militaire, de tous les bastringues parisiens.

Le premier but a été atteint, puisque l'hôtel de l'Académie royale de musique, autrement dit le *Magasin*, démoli en 1802, a été payé.

Quant au deuxième, nous n'en dirons pas autant; le scandale public s'est accru; mais les cas d'immoralité privée, les déréglements cachés, ont-ils diminué?

C'est le chevalier de Bouillon qui conçut le projet des bals masqués, projet qui lui valut une pension de six mille livres.

Le P. Nicolas Bourgeois, moine augustin, fournit le modèle d'un système ingénieux par lequel le parterre du théâtre était amené au niveau de la scène.

Servandoni fut chargé de transformer la salle de l'Opéra et de l'approprier à sa nouvelle destination.

Ce n'est toutefois qu'après la mort de Louis XIV, sur de nouvelles lettres patentes, données par le Régent le 2 décembre 1715, confirmant le privilége du 8 janvier 1713, et conformément à un règlement du 30 décembre 1715, que le premier bal masqué fut donné, le 2 janvier 1716.

Le nombre des bals était fixé à trois par semaine, à dater du 11 novembre jusqu'à la fin du carnaval.

Les premiers bals eurent un succès prodigieux, toute la cour s'y rendit; on y dansait jusqu'au jour.

Le Régent, dont le palais communiquait au théâtre, y arrivait par une porte particulière, en sortant de ces fameux soupers que l'histoire a mentionnés.

Plusieurs gentilshommes et viveurs émérites, pour se mettre à la hauteur de l'administrateur du royaume, ou pour obéir à leur goût, s'y montrèrent dans un état complet d'ivresse.

La salle était des plus riches et des plus brillamment éclairées. Nous ne pouvons mieux faire que d'en donner la description suivante :

« Pour former cette salle, on a trouvé le moyen d'élever le parterre et l'amphithéâtre au niveau du théâtre, par le secours d'un cabestan d'une nouvelle invention.

« La nouvelle salle forme une espèce de galerie de quatre-vingt-dix-huit pieds de long, compris un demi-octogone, lequel, par le moyen des glaces dont il est orné, devient aux yeux un salon octogone parfait. Tous les lustres, les bras et les girandoles se répètent dans les glaces, ainsi que toute la salle, dont la longueur, par ce moyen, paraît doublée, de même que le nombre des spectateurs.

« Les glaces des côtés sont placées avec art et symétrie, selon l'ordre d'une architecture composite, enrichie de différentes sortes de marbres, dont tous les ornements sont de bronze doré. La salle peut être divisée en trois parties : la première contient les lieux que les loges occupent ; la deuxième, un salon carré, et la troisième, le salon demi-octogone dont on vient de parler.

« Les loges sont ornées de balustrades avec des tapis des plus riches étoffes et des plus belles couleurs sur les appuis, en conservant l'accord nécessaire entre ces ornements et la peinture de l'ancien plafond qui règne au-dessus des loges. Deux buffets, un de chaque côté, séparent par le bas les loges du salon, qui a trente pieds en carré sur vingt-deux d'élévation, et terminé par un plafond ingénieux orné de roses dorées, enfermées dans des losanges, et entouré d'oves, qui forment une espèce de bordure.

« Deux pilastres de relief sur leurs piédestaux marquent l'entrée du salon. On y voit un rideau réel, d'une riche étoffe, à franges d'or, relevée en feston. Ces pilastres s'accouplent dans les angles, de même que dix autres pilastres cannelés, peints sur les trois autres faces du salon. Ils imitent la couleur du marbre de brèche violette, ainsi que la frise ; leur dimension est de treize pieds et demi, compris la base et le chapiteau. Leurs piédestaux ont cinq pieds, compris les socles ; l'architrave, frise et corniche, trois pieds et demi. La grande corniche qui règne autour du salon est de relief.

« Au milieu des grandes arcades, il y a un groupe de quatre figures jouant de différents instruments. Ces arcades, où paraissent des glaces, sont ouvertes par des rideaux de velours cramoisi, bordés d'or et relevés avec des cordons qui, en tombant, servent à cacher les joints des glaces, en sorte qu'elles paraissent être d'une seule pièce. Des festons de guirlandes et d'autres ornements produisent le même effet.

« Le salon carré et le salon octogone sont encore enrichis de vingt colonnes avec leurs arrière-pilastres de marbre bleu jaspé, ainsi que les quatre pilastres du salon demi-octogone.

« Six statues dans le goût antique représentent Momus et Mercure dans le fond; et aux côtés quatre Muses peintes en marbre blanc et de grandeur naturelle ainsi que les autres. Ces ouvrages sont de Charles Vanloo, et peints de très-bon goût.

« La grande arcade du fond, où commence la troisième partie de la galerie, a seize pieds de haut sur dix de large; deux Renommées y soutiennent les armes du roi en relief.

« Vingt-deux lustres de cristaux, garnis chacun de douze bougies, descendent de trois plafonds par des cordons et des houppes d'or et de soie. Trente-deux bras portant des doubles bougies sont placés dans l'entre-deux des pilastres qui soutiennent les loges. Dix girandoles de cinq bougies chacune sont placées sur les pilastres couples du grand salon, et dans le salon octogone, il y a sur chacun des pilastres une girandole à trois branches; en sorte que cette salle est éclairée par plus de trois cents bougies, sans compter les chandelles, les lampions et les pots à feu, qui se mettent dans les coulisses et dans les avenues du bal.

« Trente instruments, placés quinze à chaque extrémité de la salle, composent la symphonie pour le bal; mais pendant une demi-heure avant qu'on commence,

13.

les instruments s'assemblent dans le salon octogone, avec des timbales et des trompettes, et donnent un concert composé de grands morceaux de symphonie des meilleurs maîtres. »

Cette description est tirée de la *Nouvelle Histoire de l'Opéra.— Calendrier Historique.* — Année 1754. (DUCHESNE.)

Un des premiers *discours* (aujourd'hui on dirait *feuilletons*), le premier peut-être qui ait été écrit sur les bals masqués de l'Opéra, donnera une idée de ce qu'étaient ces fêtes dans le principe ; selon nous, elles n'ont guère varié ; les acteurs seuls, en changeant de milieu, ont abaissé le niveau du vice.

A part l'orthographe modernisée, et, laissant au feuilletoniste la responsabilité de son style, de ses naïvetés et de son cynisme, nous citons textuellement :

« Le spectacle de Paris le plus suivi à présent et le plus agréable en même temps est celui dont les directeurs de l'Opéra régalent le public tous les lundis, les mercredis et les samedis de chaque semaine.

« C'est un bal établi avec tant d'ordre, de lumières et de propreté, qu'il est devenu le divertissement de Paris le plus à la mode. Chaque masque y est reçu moyennant le prix et la somme d'un écu. C'est à ce titre qu'il acquiert le plaisir (quel qu'il soit) de danser ou de s'entretenir, à la faveur de son masque, avec les plus distinguées et les plus jolies femmes de France. S'il est entreprenant et qu'il ait de l'esprit, il peut y faire fortune. Pour moi, je vous avoue que j'ai d'abord regardé ce bal comme une pépinière d'aventures ; mais il y fait si clair, qu'on n'y peut attraper tout au plus que quelques lambeaux de conversation. Le jargon de ces pays-là, tout détestable qu'il est, est la plus amusante chose du monde, et il semble qu'il a été donné à tous, par un soin particulier (et l'esprit à part), la faculté de parler également bien cette langue.

« Au reste, cet établissement a été inventé fort à propos dans une ville comme Paris, où il faut absolument des plaisirs.

« Cependant il arrive tous les jours une chose dont le ridicule est extrême, et qui révolte les étrangers comme tout ce qu'il y a de Français raisonnables. En un mot, on dit, et je pense comme ceux qui le disent, qu'il est tout à fait impertinent de voir dans une assemblée aussi brillante par le nombre et les grâces des dames qui s'y trouvent tous les jours, un tas de jeunes étourdis qui dansent entre eux toutes les danses qu'il leur plaît, pendant que la plupart du temps les dames sont debout, occupées à les regarder faire leurs exercices . . . . .
. . . .

« Le 25 de ce mois, à minuit, une grande, brillante et belle masque entra dans le bal de l'Opéra, accompagnée d'une personne presque aussi bien mise qu'elle ; ces deux beautés fendirent la foule des masques avec une fierté digne de leur rang.

« La fermeté de leur démarche et la noblesse de leur contenance leur attirèrent des civilités, des hommages qui pensèrent leur faire tourner la cervelle. Un jeune homme de condition remarqua leur embarras et leur trouva en même temps une si prodigieuse quantité de grâces, qu'il les prit sous sa protection. Ses soins et d'autres objets écartèrent la foule des prétendants. Il fit enfin si bien qu'il leur trouva une place dans un coin de l'orchestre du fond du théâtre. Ce fut là qu'aux pieds de sa grande reine, il étala de son mieux tous les sentiments de son cœur ; il lui dit, entre autres choses, qu'il ne voyait rien de si beau que l'énormité de son poitrail, qu'elle avait un embonpoint dont il était enchanté, qu'il se trouverait trop favorisé de l'amour et de la fortune s'il pouvait parvenir un jour à la gloire de se voir l'heureux nourrisson d'une si belle nourrice.

« Il ajouta à ces douceurs quantité d'autres belles choses que la mémoire du *Mercure* n'a pas eu le courage de retenir.

« Il est néanmoins bien vrai qu'il suivit la conversation de ces masques et qu'il entendit, avant de les quitter, qu'ils se donnèrent un rendez-vous pour le lendemain, à midi, dans l'église des Cordeliers, et les acteurs ne manquèrent pas de s'y trouver, comme ils se l'étaient promis.

« Leurs regards et quelques signaux réciproques assurèrent leur reconnaissance. Ils se joignirent à la porte de l'église, ils se parlèrent et se séparèrent après être convenus de se revoir l'après-dînée dans la maison de la belle aventurière.

« Vers le soir, le cavalier fut faire la visite à laquelle il s'était engagé le matin. Il heurta à la porte, qu'une servante vint lui ouvrir pour le conduire dans un appartement magnifique, où sa dame le reçut avec toute la joie et toute la politesse imaginables. La visite finie, il ne songea plus qu'à chercher dans Paris quelqu'un qui voulût bien recevoir la confidence de sa bonne fortune.

« Il exagéra son bonheur ; il éleva sa belle au-dessus de toutes les belles du monde, et se promit, en un mot, rien moins qu'un heureux et splendide hymen avec une si aimable et si riche personne.

« Mais son indiscrétion lui coûta cher, il parla trop, il retourna mal à propos au logis de la dame de ses pensées. Enfin, il fit tant d'éloges de sa prétendue félicité, qu'au bout de trois jours il ne lui resta, pour tout fruit de ses pas, que la honte de ses soins.

« Un particulier de sa connaissance, qui demeurait dans le voisinage de sa maîtresse, devint le dernier confident de cette intrigue.

« Il congratula cet amant sur le mérite de sa conquête ; mais, un moment après, il lui dit qu'il voyait bien qu'il ignorait à qui il avait affaire, qu'il était bien aise de lui apprendre que sa maîtresse était en liaison étroite avec des gens qui ne lui convenaient point, et que le lendemain, s'il était curieux, il la lui ferait voir dans un état qui le dégoûterait à jamais d'elle.

« Le jeune homme accepta la proposition d'un air de confiance qui annonçait son incrédulité, et consentit enfin à se trouver, à cinq heures du matin, chez celui qui lui parlait avec tant d'assurance d'une chose qu'il ne pouvait se persuader.

« L'heure du rendez-vous arrivée, il alla au logis de son ami, il le somma de lui tenir parole, ce que l'autre fit à l'instant.

« Il mena l'amant de sa charmante voisine jusqu'au coin de l'église Saint-Côme, du côté de la rue de la

Harpe ; il se mit avec lui en sentinelle sous une porte, et, au coup de six heures, il lui recommanda d'ouvrir si bien les yeux qu'il ne lui pût rien échapper de ce qu'il allait voir.

« En effet, le jeune homme regarda tant qu'il put, et vit à la fin, avec un étonnement extrême, son héroïne arriver, chargée de tout l'équipage de ces honnêtes marchandes qui établissent, tous les matins, leurs boutiques au coin des rues, et reconnut enfin, à la faveur de la lumière, que sa chère maîtresse était une des plus grasses tripières de Paris. »

De nos jours, il faut l'avouer, c'est ailleurs que devant un étal que se dénouent la plupart des intrigues de bals masqués.

Le même recueil périodique auquel nous avons emprunté le discours qui précède, après avoir raconté le mois suivant (février 1716) une histoire que nous n'osons reproduire à cause de son débraillé, fait une espèce d'instruction et de cours de conversation à l'usage des gens qui fréquentent les bals masqués :

« La galanterie, dit-il, fournit le plus beau champ du monde pour amuser les amateurs, et le bal semble s'intéresser particulièrement lui-même à leur amusement, par la multitude d'aventures qu'il leur prépare .

. . . .

« Qu'on se tourne d'un côté ou d'autre au bal, il y a toujours et partout des gens qui cherchent noise et des masques qui ne demandent pas mieux que d'agacer les autres ou d'être agacés eux-mêmes.

« Les timides ou les imbéciles s'y ennuient à la mort :

les uns n'ont pas le courage de tenter une aventure, les autres n'ont pas l'esprit de la soutenir.

« Avant que d'entrer plus en matière, il est à propos que je donne à ceux *qui n'ont pas rôti le balai* dans ces assemblées quelques petites leçons pour les aider à se tirer d'affaire :

« Primo : Il faut qu'un masque ait de l'audace et même de l'effronterie;

« Secundo : Qu'il sache au moins une demi-douzaine de phrases impertinentes pour les débiter à tort et à travers : ces phrases doivent être, par exemple, de l'espèce de celles-ci, supposé au préalable qu'il ait le son de la voix ajusté à l'usage du bal, sans quoi il n'est et ne sera jamais qu'un sot.

« Cet usage consiste à prendre un ton de fausset et à glapir dans les oreilles du masque qu'on attaque. Sur le principe, il lui dira : « Bonjour, *beau* ou *belle* masque. » La différence du sexe fait peut-être celle du début.

« L'un est cependant plus en usage que l'autre. Il lui dira :

« — Bonjour, beau masque; je te félicite du succès de cette partie, j'ai vu l'heure que le jaloux ne consentirait jamais à te laisser venir ici ; mais grâce à ton esprit et à la complaisance qu'il a pour la personne que tu connais bien, tu es venue à bout de sa mauvaise humeur.

« — Tu te trompes, masque, reprend l'autre, tu ne me connais pas ; je ne te connais pas non plus, et si personne n'a plus d'envie de te connaître que moi, tu peux vivre jusqu'à la fin de tes jours parfaitement ignoré de tout le genre humain.

« — Vous êtes bien fine, lui dit l'autre à l'instant, et vous croyez me donner le change par cette affectation à vouloir vous masquer encore plus que vous ne l'êtes ; à la bonne heure si vous ne me reconnaissez pas, pour moi je sais bien à qui je parle, je connais votre déguisement, vous êtes une *telle*, et nous avons aujourd'hui (ils ont entendu le même sermon) fait le bien et le mal ensemble. Votre amant n'est pas loin ; c'est un animal qui vous obsède sans cesse ; mais le chevalier *** va bientôt vous délivrer de ces importunités. Courage, vous ne débutez pas mal dans le monde, et, pour une jeune personne qui n'a pas encore vingt ans, vous avez le goût aussi formé et aussi gourmand que si vous en aviez trente. Avouez maintenant que je sais quelque chose de vos affaires. Adieu, beau masque.

« — Eh ! non, masque, dit la personne à qui on en a tant appris, vous me jetez dans une inquiétude mortelle, je veux absolument savoir qui vous êtes.

« — Adieu, vous dis-je, beau masque, répond brusquement l'autre. Quand le marquis de N... ne sera plus sur les rangs pour prétendre à la conquête de votre cœur, et lorsque vous ne prendrez plus les conseils de telle vieille coquette qui trompe vous, votre mari et vos amants, je pourrai alors avoir l'indulgence de vous déclarer qui je suis.

« Le masque s'éclipse à l'instant et va dans un coin obscur changer de décoration.

« Tertio : On le prend sur un autre ton pour faire une

déclaration d'amour à une personne qu'on ne connaît pas : sa taille est admirable; ses yeux, brillants et bien fendus, lancent des traits de flamme; son teint efface le lis et la rose; le tour de son visage est admirable ; elle a de l'esprit comme un diable, et sa gorge est divine.

« Au surplus, permis aux acteurs d'ajouter à ces belles pensées plusieurs douzaines de sottises à bout portant, dont je crois que tout le monde sait la routine aussi bien que moi.

« Si cette petite leçon ne suffisait pas pour votre instruction, beau masque, ce ne sera pas ma faute, si vous vous ennuyez au bal. Cependant, pour contribuer encore de tout mon pouvoir à déboucher l'épaisseur de votre imagination, lisez avec attention, si vous pouvez, l'aventure du bal que je vais vous conter. Les trois quarts et demi et demi-quart de mes lecteurs, qui ont de l'esprit, riront de ce prélude aux dépens de ceux à qui il appartient. »

Suit une histoire, encore plus diffuse qu'immorale, plus plate qu'indécente, qui, à l'aide d'initiales plus ou moins transparentes, a pu avoir dans le temps l'intérêt d'un logogriphe, mais pour laquelle un chiffonnier de lettres ne daignerait pas aujourd'hui abaisser son crochet.

Franchement, si le dix-huitième siècle, dans son commencement surtout, a été riche en orateurs, en poëtes, en auteurs dramatiques, en écrivains, il a possédé des *discoureurs* bien médiocres, auxquels la grande langue dont il est si souvent parlé est parfaitement étrangère ; et n'était la nécessité de prouver notre dire, que les bals masqués du temps présent étaient aussi spirituels que ceux d'autrefois, ou que plutôt ceux d'autrefois étaient aussi bêtes que ceux de notre temps, nous n'aurions pas imposé à nos lecteurs le supplice de la réimpression d'une espèce de catéchisme poissard, encore de mode aujourd'hui parmi les courtauds de boutique et les jeunes seigneurs du rayon.

L'inauguration des bals masqués de l'Opéra fut célébrée et chantée en vers et en musique.

Voici ce que nous trouvons au bilan de 1716 :

BAL DE L'OPÉRA.

CANTATE OU ODE ALLÉGORIQUE.

RÉCITATIF.

Dans un séjour brillant, consacré par les belles,
   L'ingénieux et favorable Amour,
Pour combler ses sujets de ses grâces nouvelles,
   Vient d'établir une nouvelle cour.
Là, le déguisement des aimables mortelles
Est fatal aux époux, mais propice aux amants,
Et la divinité, qui préside sur elles,
   Invite les cœurs à ses amusements.

AIR.

Amants, accourez à nos fêtes,
Leurs plaisirs ne sont que pour vous :

Mille tendres beautés sont prêtes
A vous les faire goûter tous.

Les Ris, les Amours et les Grâces
Y volent au gré des désirs.
Suivons de si charmantes traces,
Elles conduisent aux plaisirs.

RÉCITATIF.

L'Amour, qui dans ces lieux a formé son empire,
Armé des plus beaux traits, vole dans tous les cœurs;
Qui pourrait résister aux transports qu'il inspire,
Quand, devant lui, les jeux annoncent ses faveurs ?
    Sous mille diverses images
    Si l'Amour vous paraît hideux,
Rassurez-vous : ce dieu ne voile les visages
Que pour récompenser plus sûrement vos feux.

AIR.

Mille beautés habiles,
Sous un masque trompeur,
N'y font les difficiles
Que pour mieux prendre un cœur.

Sous un masque propice
Qui cache la laideur,
Plus d'une Cléonice
Satisfait son ardeur.

Chaque amant s'y déguise
Pour se connaître mieux ;
Il n'est point de méprise
Qui n'ait un sort heureux.

Là, de leur destinée
Les époux sont instruits ;
Sujets de l'Hyménée,
Ils en trouvent les fruits.

RÉCITATIF.

Ce temple se consacre à la félicité ;
L'Amour y fait goûter sa plus vive tendresse,
Hébé répand partout un nectar enchanté.

Terpsichore y règne sans cesse,
Momus y fait briller l'art en lui si vanté.

Dans ces lieux enchanteurs,
Tout charme, tout engage ;
Tous les dieux de la volupté
Y reçoivent sans cesse un éclatant hommage :
Le Dieu de l'hyménée est le seul maltraité.

AIR.

Dans ce séjour fertile,
L'Amour offre un asile,
Pour Vénus.
Tout est utile
Pour s'exprimer.
Le secret est facile
De s'enflammer,
Et l'on en trouve mille
Pour charmer.

Décidément la poésie qui acclame les bals masqués de l'Opéra est pire que la prose ; le *Fidèle Berger* et *le Mirliton* de Saint-Cloud rougiraient de pareils vers.

La première année (1716), les bals, du 2 janvier au 25 février, rapportèrent 77,877 livres.

L'année suivante, le carnaval, à cheval sur la fin de 1716 et le commencement de 1717, ne rapporta que 14,225 livres.

La diminution des recettes est ainsi expliquée :

« Le 26 décembre 1716, les comédiens français avaient obtenu, de M. le duc d'Orléans, régent, la permission de donner des bals publics sur leur théâtre. Ces bals devinrent si fort à la mode, que ceux de l'Opéra se trouvèrent déserts, et furent fermés les trois derniers jours du carnaval de cette année-là. Les directeurs de l'Académie royale de musique, effrayés du préjudice que cette permission leur causerait, si elle venait à subsister, firent de si fortes représentations et employèrent des instances si pressantes qu'elle fut retirée en 1721. » (*Calendrier des théâtres.* — Année 1754.) — (DUCHESNE.)

En 1717-18, la recette monte à..... 54,019 livres.
En 1718-19, — à....... 51,859 —
En 1719-20, — (grâce à Law, tout le monde se croyait riche), à..................... 116,038 —
En 1720-21 (on décompte), à....... 53,310 —

Le 10 décembre 1717, un nouveau brevet avait prorogé la permission qu'avaient les directeurs de l'Opéra de donner des bals.

Les écrivains contemporains ne sont pas d'accord sur

le prix que coûtait l'entrée, les uns la mettent à un écu, d'autres à quatre livres, à cinq livres, à six livres.

Cette différence provient probablement de l'année à laquelle appartiennent les mémoires que nous consultons. Les prix jusqu'à présent ayant toujours tendu à l'augmentation, celui du jour où on écrivait était seul cité.

« Les bals publics qu'on donne sur le théâtre de l'Opéra ont été rendus beaucoup plus agréables par diverses mascarades qu'on y a introduites sur la fin du carnaval, et qui ont fait beaucoup de plaisir. On y a dansé, outre les menuets à deux et à quatre, plusieurs autres danses particulières, quantité de contredanses, dans lesquelles, huit, douze et jusqu'à seize personnes dansent ensemble avec beaucoup de vivacité et une extrême variété de pas et d'attitudes. Quelques noms de ces danses, qu'on a retenus, paraîtront peut-être assez plaisants, comme *les Rats, Jeanne qui saute, l'Amitié, le Poivre, la Silvie, la Blonde et la Brune, le Cotillon qui va toujours, l'Insulaire, la Favorite, Liron-Lirette, la Capricieuse, la Calotine*, etc., etc. » (*Mercure*, février 1727.)

Une danse fort en vogue était encore *la Monaco*, qui, datant de 1641, est venue jusqu'à nous, chantée qu'elle est à tous les enfants, mais qu'on aurait de la peine à faire danser aujourd'hui aux grandes personnes.

Le 22 juin 1721, un bal extraordinaire fut donné en l'honneur de Mohammed-Effendi, ambassadeur de Turquie ; tout le monde y fut admis en payant une entrée de cinq livres. Vers minuit le personnel de l'Opéra chanta le prologue du *Bellerophon* (qui n'était déjà plus dans la jeunesse, puisque la pièce de Th. Corneille, Fontenelle et Boileau, musiquée par Lulli, avait vu les chandelles le 28 janvier 1679), en remplacement de cantates sur des vers turcs que, par galanterie, on avait préparées pour l'envoyé de Sa Hautesse, mais dont l'exécution fut impossible.

La recette de ce bal s'éleva à 10,150 livres.

« Les comédiens italiens, ayant abandonné leur théâtre de l'hôtel de Bourgogne, pour en ouvrir un à la foire Saint-Laurent, voulurent aussi, pour grossir leur recette, donner bal deux fois par semaine, le dimanche et le mercredi; mais les chaleurs de la saison leur firent discontinuer cette entreprise après quelques semaines.

« Plusieurs années après, l'Opéra-Comique, qui était alors sous la direction du sieur Ponteau, donna aussi plusieurs bals. Il y en eut un dans la nuit du 4 au 5 octobre sur ce théâtre, au niveau duquel on avait construit un plancher qui remplissait toute la longueur de la salle, qui était très-bien décorée. L'assemblée fut brillante, et les boutiques de la foire furent éclairées pendant toute la nuit. Ainsi fut terminé l'Opéra-Comique de la foire Saint-Laurent en 1734. Le succès de ce premier bal engagea le directeur d'en donner les années suivantes, et tous les ans, à la fête du roi, il y eut un bal dans la salle de l'Opéra-Comique pendant plusieurs années. » (*Calendrier des théâtres.* — Année 1754.) — (DUCHESNE.)

. . . .

En 1767, les ambassadeurs sollicitèrent de Louis XV l'autorisation de se présenter au bal l'épée au côté, faveur dont jusqu'alors les princes du sang avaient seuls joui. Le roi fit droit à leur demande.

Une aventure qui fit grand bruit fut celle qui se passa au bal masqué de l'Opéra le 3 mars 1778.

Il faut dire d'abord que madame de Canillac, dame d'honneur de la duchesse de Bourbon, à force de coquetteries, avait séduit le duc et était devenue sa maîtresse.

La duchesse, ayant acquis la certitude de la félonie de la dame, fit ce que bien d'autres femmes eussent fait à sa place : elle la chassa de chez elle.

Séparée de son amant, madame de Canillac, soit qu'elle eût été servie par le hasard, soit que, poursuivant un but de vengeance, elle eût dressé ses batteries en conséquence, sut faire la conquête du comte d'Artois.

Le 3 mars 1778, la duchesse de Bourbon était donc au bal de l'Opéra dans une loge, en compagnie de plusieurs dames, lorsqu'elle fut reconnue par madame de Canillac, au bras du comte d'Artois.

Abusant de son pouvoir sur son nouvel amant, cette dernière obtint qu'il allât plaisanter sa cousine, qui, voulant connaître l'insolent assez osé pour s'adresser à elle, leva la barbe du masque du comte d'Artois et le reconnut.

Celui-ci, dans un mouvement de vivacité, déchira le loup de la duchesse et se retira.

Madame de Canillac était trop fière de l'importance que lui donnait ce scandale, et trop heureuse de sa vengeance, pour ne pas, dès le lendemain, raconter l'aventure à qui voulut l'entendre ; le comte d'Artois, de son côté, en parla, dit-on, lui-même chez la comtesse Jules de Polignac; seule, la duchesse de Bourbon, en raison du haut rang de son adversaire, dans cette scène de famille, n'avait soufflé mot.

Bientôt, dans tout Paris, à la cour comme à la ville, il ne fut question que de cette histoire. Le roi, la reine, le prince de Condé, tout le monde s'en mêla. L'opinion publique prit fait et cause pour la duchesse; et un duel entre le comte d'Artois et le duc de Bourbon fut jugé indispensable, et eut lieu au bois de Boulogne. Les gens du roi arrivèrent à temps pour séparer les combattants et arrêter l'effusion du sang.

L'honneur déclaré satisfait, le comte d'Artois alla faire à sa cousine, la duchesse de Bourbon, les excuses les plus courtoises; et un exil de huit jours, dont furent frappés les illustres adversaires, donna au scandale le temps de s'assoupir.

Les contemporains ne prirent pas trop au sérieux ce duel, qui cependant fut plus réel qu'on ne l'a prétendu. Une grande froideur s'établit entre les deux cousins, traversa la fin du règne de Louis XVI, le temps de l'exil et les premières années de la Restauration; et c'est en faisant allusion à cette aventure que, quarante-six ans plus tard, en 1824, le comte d'Artois, monté sur le trône sous le nom de Charles X, crut devoir tendre la main au duc de Bourbon et lui dire : « Le roi n'accepte pas les rancunes du comte d'Artois. »

Maintenant, il est bien possible que ce mot, qui a déjà servi, n'ait jamais été dit ....
. . . .

Le 8 juin 1781, la salle du Palais-Royal ayant brûlé pour la deuxième fois, les artistes de l'Opéra ne purent pas, comme en 1763, se réfugier aux Tuileries, occupé qu'en était le théâtre par la Comédie-Française. Les chanteurs académiciens, en attendant la salle nouvelle de la Porte-Saint-Martin, se réfugièrent dans celle des Menus-Plaisirs, trop petite pour les bals.

C'est vers cette époque que, pour céder aux désirs de la reine, les bals masqués furent transférés aux Tuileries, l'heure de ces fêtes ne contrariant pas les représentations de la troupe comique.

C'est donc dans la salle des Tuileries que se serait passée, d'après un témoin oculaire, qui me l'a racontée en 1835, la petite scène que voici :

La reine devait assister à un bal; et son déguisement, quoique censé ignoré de tout le monde, était connu de plusieurs personnes, entre autres de l'un des frères Lameth, qui, heureux de pouvoir dire, sous le masque, à un masque, ce qui lui était interdit de dire à visage découvert à une reine, prépara quelques vers à l'adresse de Marie-Antoinette.

Par une délicatesse toute particulière, et comme une allégorie d'espérance en ces temps de cherté et de rareté des subsistances, la reine était travestie en boulangère.

A peine était-elle entrée au bal que, cernée par la foule, elle fut obligée d'entendre à bout portant ces couplets confectionnés à l'avance :

> *Gentille boulangère,*
> *Qui des dons de Cérès*
> *Sais d'une main légère*
> *Fabriquer du pain frais,*

> *Des dons que tu nous livres*
> *Doit-on se réjouir ?*
> *Si ta main nous fait vivre,*
> *Tes yeux nous font mourir.*
>
> *De tes pains, ma mignonne,*
> *L'amour a toujours faim,*
> *Si tu ne les lui donnes,*
> *Permets-en le larcin.*
>
> *Ne sois pas si sévère,*
> *Écoute enfin l'amour ;*
> *Et permets-moi, ma chère,*
> *D'aller cuire à ton four.*

L'étiquette eut à souffrir de la hardiesse du poëte ; mais, après tout, c'était à une boulangère qu'il s'était frotté.

Au bal masqué, c'est au costume seul qu'on s'adresse ; la personne qui le porte, supposée inconnue, n'a pas à se plaindre des familiarités de langage, qu'excuse la situation.

La Révolution supprima les bals masqués, non pas que les préoccupations politiques détournassent du plaisir : les Français sont ainsi faits que le bruit du tonnerre ajoute des charmes à leurs amusements. Ils rappellent presque le sage d'Horace :

> *Si fractus illabatur orbis,*
> *Impavidum ferient ruinæ.*

« La prudence du gouvernement ayant défendu les

masques pendant ces dernières années, les bals de l'Opéra n'ont pas eu lieu. Cependant, il y a eu dans tous les quartiers de Paris de nombreuses assemblées de dames, et, de toute façon, pour la santé et le plaisir des yeux, ce n'est pas un mal qu'on danse à visage découvert. »

(*Calendrier historique*. — Année 1792.) — (Duchesne.)

Ce ne fut qu'en l'an VIII, sous le Consulat, que les portes de l'Opéra se rouvrirent pour les bals masqués.

Le domino et l'habit noir alors y étaient seuls admis. On ne dansait pas, on se promenait platoniquement aux sons d'une musique qu'on n'écoutait guère.

La Révolution, en passant sur la génération avait laissé aux esprits une allure calme qui, jusque dans les plaisirs, dominait tous les caractères.

Les gens du meilleur monde fréquentaient le bal de l'Opéra ; à peine quelques courtisanes à la mode, sous de puissants patronages, se trouvaient-elles mêlées aux femmes de la plus haute société.

C'était encore le temps de l'amour décent et de l'intrigue spirituelle.

Plus tard, M. Véron régnant, un essai fut fait du bal dansant ; mais la tentative ne fut pas heureuse, il y eut grand scandale.

Des coups avaient été échangés : c'était grave et en dehors des habitudes aristocratiques de l'endroit.

Aussi M. Véron renonça-t-il bien vite à son idée et revint-il franchement à ses bals de dominos affermés pour la somme annuelle de douze mille francs à un entrepreneur, M. Mira, le fils du fameux Brunet, l'ancien jocrisse des Variétés.

Cet adjudicataire des plaisirs parisiens du temps chercha vainement à galvaniser une industrie qui semblait péricliter.

Tour à tour il inventa les tombolas ; il intercala des divertissements dansés par le personnel de l'Académie royale ; il introduisit des promenades de têtes grotesques, représentant, sur de petits corps, des individualités connues ; il exhiba Dolorès Serral et Camprubi exécutant leurs cachuchas et leurs fandangos les plus espagnols ; le public, blasé, s'éloignait et les fêtes de l'Opéra devenaient de moins en moins nombreuses.

Une nouvelle jeunesse avait remplacé celle de la Restauration, le vent était à la danse romantique, disons le mot, au *cancan*.

Un indice de cet appétit de dévergondage chorégraphique se lit en toutes lettres dans un fait qui se passa à cette époque.

L'Académie royale de musique et de danse venait de donner la première représentation de l'opéra d'Auber, *Gustave III, ou le Bal masqué.*

Tous les hommes de quarante-cinq à cinquante ans se souviennent des magnificences de cet ouvrage, magnificences qui, depuis, ont pu être égalées, mais jamais dépassées : ils se rappellent les applaudissements frénétiques qui accompagnèrent le rideau lorsque celui-ci se leva sur le cinquième acte.

Cette galerie immense, dont une salle de spectacle

forme le fond, représentant dans ses loges un monde de courtisans des deux sexes en splendides costumes ; ces milliers de bougies aux lueurs scintillantes, aux parfums pénétrants ; ces travestissements variés de folies, de bergères, de naïades, de bacchantes, de colombines, de dieux, d'arlequins, de pierrots et de cassandres ; cette musique enivrante, ces danses originales et surtout ce galop fiévreux : tout était enchantement et nouveauté.

Il y eut entre la scène et la salle un fluide de communication et d'attraction tellement impérieux que, aux représentations suivantes, la scène, à l'acte du bal, se peupla au préjudice de la salle.

Des dames, de grandes dames, comme on dit dans la *Tour de Nesle*, affublées de dominos épais, le visage couvert d'un masque impénétrable, vinrent galoper au milieu des danseuses et des figurantes du corps de ballet.

Les abonnés suivirent l'exemple donné par les femmes, ils passèrent sur le théâtre, et un certain jour du carnaval, les *lions* des avant-scènes et de l'orchestre, déguisés en *ours* blancs et noirs, conduisirent le galop à la grande joie d'une salle comble.

Cependant M. Mira n'avait pas abandonné son idée de bals dansants et costumés ; à force de démarches, il avait même obtenu la permission d'en donner un, mais un seul, permission qui fut retirée la veille du bal.

L'entrepreneur n'en continua pas moins à afficher et à annoncer la fête, et, le soir, les portes de l'Opéra, assiégées par les masques, allaient être enfoncées, lorsque l'autorité, cédant à la pression, leva le *veto*.

La foule bariolée, surexcitée par des libations nombreuses, envahit la salle, les galeries, le foyer.

Musard, Musard Ier, était à son poste. Boutonné jusqu'au cou dans son habit noir, ayant l'aspect sérieux d'un commissaire des morts, pendant sept heures, il ne quitta son pupitre que pour être promené en triomphe, hissé sur les épaules des plus illustres flambards.

Au milieu du bal, la décharge d'un mortier, faisant sa partie à l'orchestre, électrisa tous les danseurs, dont le galop infernal ne put avoir raison ; et, le bastringue terminé, à six heures du matin, on dansait encore sur les boulevards et dans les rues en poussant des hurlements inouïs jusqu'alors.

Nuit de bruit, d'ivresse et d'orgie ; nuit suivie depuis de bien d'autres nuits aussi tumultueuses, aussi échevelées.

La promenade et l'intrigue étaient mortes et enterrées, le déhanchement et la dislocation des membres leur avaient succédé.

A cent vingt ans de distance, les bals de l'Opéra reprenaient les errements de leur enfance; plus ou moins décemment, je n'en sais rien ; comme au temps du Régent, on s'y amusait.

Après la mort de M. Mira, les bals furent affermés pour cinq années à une réunion de capitalistes, moyennant deux cent mille francs, soit la somme annuelle de quarante mille francs.

Le bail était expiré lorsqu'arriva 1848 avec la révolution; les esprits n'étaient pas trop à la danse, les bals toutefois, cédés à raison de deux cent cinquante mille francs pour dix ans, à la société dont M. Grimaldi était le chef, n'en furent pas interrompus. Le nom de Musard en était toujours une des principales attractions, et quand le fils succéda au père, la vogue resta la même.

La salle, comme aujourd'hui, était abandonnée aux danseurs; le foyer était réservé aux dominos et aux habits noirs, les couloirs et les loges appartenaient à tout le monde, ces dernières, bien entendu, après location.

Néanmoins, quoique, chaque année, les recettes des bals masqués s'accrussent considérablement, les habitudes de l'endroit semblaient tendre à une modification : le public dansant diminuait; d'acteur on devenait spectateur; on n'allait plus au bal pour se trémousser, mais pour voir se trémousser les autres.

Il fallait aviser au moyen de parer à cette transformation du goût; bientôt, les acteurs manquant, les spectateurs eussent fait défaut.

On battit le rappel, et, par des invitations déposées dans les grands magasins pourvus de nombreux commis, dans les études le mieux approvisionnées de clercs, par des entrées de faveur données à la condition expresse qu'on viendrait déguisé et qu'on danserait, la salle conserva son aspect fantasque et animé.

D'un autre côté, Paris fut inondé de billets gratis pour le *beau sexe*. Toute porteuse d'un de ces billets était admise sans contrôle, c'est vrai, mais pas une femme *sous remise* n'était l'objet d'une invitation particulière de l'administration.

Oh! ce fut le bon temps des commis et des clercs! le règne du calicot et du saute-ruisseau!

Le bail Grimaldi, parvenu à son terme, ne fut pas renouvelé; ce fut à M. Strauss, simple chef d'orchestre, confondu par bien des gens avec Strauss, le grand compositeur, que fut adjugée, à raison de quarante mille francs par an et partage des bénéfices, tel chiffre de recette atteint, la mission d'exploiter les joies carnavalesques.

Au renouvellement du privilége, la condition du partage a même été supprimée; une somme convenue, supputée à peu près égale à la part que pouvait produire l'association dans les conditions dites plus haut, a été ajoutée au chiffre de l'annuité. De cette façon, la direction de l'Opéra n'a plus aucun droit de contrôle à exercer sur les faits et gestes, rentrées et dépenses de l'administration des bals, qui taille et rogne à volonté sous la seule dépendance de la lettre, sinon de l'esprit du cahier des charges.

Jamais maison de commerce n'a poussé plus loin la vertu d'économie.

Cafetiers, marchandes de fleurs et d'oranges, gens du vestiaire, ouvreuses de loges, gardiennes des cabinets, sont frappés d'une redevance directe ou indirecte.

Le bal commence plus tard et finit plus tôt.

Des annonces, des réclames, sont envoyées, pendant tout le carnaval, tous les jours, à tous les journaux.

Trois ou quatre mille cartes sont adressées chaque année à autant de vierges folles de tout rang, de tout âge et de toute catégorie.

L'esprit économique semble même être descendu des hauteurs administratives au trottoir des habituées du bal.

Il n'est pas rare en effet de rencontrer une femme qui vous demande 20 francs d'arrhes pour le souper que vous lui offrez. Qui n'a pas été accosté, aux abords des vestiaires, par un débardeur demandant 1 franc pour dégager son manteau, ou, au seuil d'une porte discrète, par un domino mendiant 50 centimes qu'il prétend devoir?

Ces pauvresses se font 10 ou 15 francs par nuit, et leur commerce ne cesse qu'un moment où, ayant été reconnues par un habit noir déjà exploité, elles sont signalées à la police du bal, qu'elles abandonnent... jusqu'au samedi suivant.

Le négoce du bouquet ou du bâton de sucre de pommes est jeu connu; il consiste tout simplement à se faire offrir, cinq ou six fois dans la soirée, plus si les jobards abondent, par des personnes différentes un objet payé un prix quelconque, 5 francs si vous voulez, et de le rendre au marchand moyennant 2 francs 50 ou à peu près.

C'est aux bals de l'Opéra, alors qu'elle était encore la *huguenotte*, que Rigolboche, de grotesque mémoire, a jeté les bases de sa réputation.

Suivie ou escortée de galants troubadours, elle se rendait, sur demande, sous certaines loges de balcon, pour se livrer à ses ébats chorégraphiques, dont quelques pièces d'argent ou d'or, galamment jetées, excitaient l'excentricité.

Le côté des hommes dansants n'est pas généralement parlant plus appétissant que celui des femmes.

Depuis longtemps, messieurs les commis et maîtres clercs se sont dégoûtés du rôle d'acteurs qu'on leur avait donné ; ils accepteraient peut-être bien encore des invitations aux bals, mais ils ne veulent plus de la condition de costumes et de danses. Ils ont la prétention de s'amuser pour leur compte particulier, et ils ont raison.

C'est donc ailleurs que dans les études et les magasins que sont pris aujourd'hui les représentants de la gaieté française chargés de faire croire à la province et à l'étranger que le carnaval de Paris n'a pas son rival à Rome.

Maintenant, comme je ne veux faire de la peine à personne et que je ne suis pas absolu, j'admets très-bien quelques individualités honnêtes et naïves fourvoyées dans cette tour de Babel du vice.

Souvent je me suis adressé cette question : Où se croirait un paysan de la Corrèze ou du Cantal qui, enlevé à son département, serait, une nuit de bal masqué, transporté à l'Opéra et jeté au milieu de l'ouragan d'un galop ?

Coudoyé, piétiné, bousculé par des légions de diables, de singes, de sauvages, de flambards et de chicards, les yeux éblouis par l'éclat du gaz et des bougies, les oreilles assourdies par les clameurs infernales d'une horde soûle de musique, de danse, de chaleur et d'alcool, il deviendrait fou en un quart d'heure.

Le bal masqué tel qu'il est compris aujourd'hui n'est plus qu'un prétexte à souper, mais pour le souper il faut la *soupeuse*. Un souper sans femme serait un simple dîner nocturne. Or, pour tout homme doué de quelque délicatesse de goût, cet *accessoire* manque complétement ; et à moins qu'il ne l'ait amené lui-même, il risque fort de rentrer bredouille.

Les quelques femmes de la haute bicherie qui se risquent encore aux bals ont leurs engagements pris d'avance, et celui-là qui serait assez heureux pour rencontrer par hasard une *soupeuse* présentable dans un cabinet de la maison Dorée ou du café Brébant pourrait se vanter d'avoir gagné le gros lot à la loterie du carnaval.

LES BUSTES DU NOUVEL OPÉRA.

Trente et un compositeurs de musique, auxquels ont été adjoints deux librettistes, taillés en pierre ou coulés en bronze, en tout trente-trois illustrations, ornent de leurs bustes la façade et les ailes latérales du nouvel Opéra.

Parmi ces célébrités, en leur temps, plusieurs sont à peu près oubliées aujourd'hui ou connues seulement des gens spéciaux.

Chaque buste a, inscrit à sa droite, le millésime de la naissance du personnage qu'il représente, et, à sa gauche, la date de la mort. Trois bustes toutefois font exception, et n'ont encore que l'inscription de droite; espérons que celle de gauche se fera longtemps attendre.

Ne me rendant pas un compte bien exact de la règle

que s'est imposée l'architecte dans la répartition des bustes sur la façade, il me semble cependant que celle-ci est considérée comme la place d'honneur.

Maintenant, sans s'être astreint à un ordre chronologique parfait, c'est par rang d'ancienneté que, à partir des deux pavillons angulaires de la façade, dans la direction du chevet de l'édifice, on a installé, sur les deux côtés, les compositeurs admis aux honneurs de la galerie.

Ce sont les notices ou médaillons, nécessaires à bien des gens pour s'expliquer la présence de tel ou tel nom, que je veux essayer de tracer aujourd'hui, en établissant les droits de chacun à figurer dans l'illustre assemblée.

Comme je n'ai pas l'intention de réformer l'ordre établi, et que je désire seulement faciliter les recherches, je vais simplement, à l'exemple de l'ancien démonstrateur du salon de Curtius, commencer par le côté droit, faire le tour du monument, donnant une explication au fur et à mesure que se présenteront les bustes. Le premier nom qui se présente sous ma plume semblait prédestiné à tenir la tête de la liste harmonieuse, puisque, si l'ordre alphabétique eût été suivi, c'était encore par lui qu'il eût fallu commencer.

ADAM

(Charles-Adolphe), fils de Louis Adam, professeur distingué du Conservatoire, naquit à Paris, le 24 juillet 1803.

Il ne fut pas destiné tout d'abord à cultiver la musique; il suivit pendant quelque temps, sans aucune espèce de succès, les cours du lycée Napoléon, d'où, cédant à ses sollicitations, son père consentit à le retirer, pour le confier à un professeur de musique, sous lequel, malgré une paresse dont déjà au lycée il avait donné des preuves, se constatèrent de grandes facilités musicales, tenant plutôt de l'inspiration que de l'étude.

En 1817, il entra au Conservatoire sous la direction de Reicha; il suivit d'abord un cours d'harmonie et contrepoint; puis, par la protection de Boïeldieu, il passa au cours de composition que dirigeait l'illustre auteur de *la Dame Blanche*.

Ayant concouru à l'Académie des beaux-arts de l'Institut pour le grand prix de composition, il n'obtint que la deuxième nomination. Il s'en tint à ce premier essai.

Plus tard, comme simple artiste et sans appointements, il fut attaché à l'orchestre du Gymnase-Dramatique, où il parvint peu après à l'emploi d'accompagnateur au piano.

Ces nouvelles fonctions lui fournirent l'occasion de se lier avec les auteurs, qui lui confièrent des couplets, des ensembles, des rondeaux, qui commencèrent à le faire connaître.

Le premier ouvrage par lequel Adam aborda la scène fut l'opéra de *Pierre et Catherine*, en un acte, représenté au théâtre de l'Opéra-Comique, au mois de février 1829.

Depuis, bien des ouvrages du même auteur se sont succédé au même théâtre. *Le Chalet* restera comme le joyau le plus précieux de cet écrin. L'œuvre d'Adam particulier à l'Opéra est considérable, surtout en ballets, restés comme type du genre. Je n'ai qu'à citer, par ordre de représentation, la *Fille du Danube, Giselle, la Jolie Fille de Gand, le Diable à quatre, Griselidis, la Filleule des fées, Orfa* et *le Corsaire*.

Les dernières années de la vie d'Adam furent des années de lutte et de travail souvent improductif. S'étant dévoué à la création du Théâtre-National, il vit toute sa petite fortune s'engloutir dans l'entreprise. De là, une série de chagrins et de tourments.

Un soir, le 2 mai 1856, après avoir assisté à la représentation de l'Opéra, il rentra chez lui calme et bien portant en apparence. Le lendemain, il était trouvé mort dans son lit.

BELLINI

(Vincent), Italien, né à Catane en 1802, a laissé plusieurs ouvrages, dont un seul suffirait pour immortaliser un nom. J'ai désigné *la Sonnambula, Norma, i Puritani*. A ces trois chefs-d'œuvre, écrits spécialement pour la scène italienne, mais que la traduction a naturalisés en France, il faut joindre encore : *il Pirate, la Straniera*, ouvrages d'une grande valeur. A l'apogée de sa réputation et de son talent, Bellini fut enlevé aux arts, en 1835, par une mort prématurée. De quels trésors de mélodie ce trépas n'a-t-il pas privé la postérité !

WEBER

(Ch.-Marie de), né en 1786, dans le Holstein, ayant pour père un habile musicien, fit ses premières études harmoniques sous Heuschtel, Michel Haydn, Valesi. Il écrivit son premier opéra à quatorze ans et devint plus tard maître de chapelle à Breslau. En 1806, il s'attacha au prince Eugène de Wurtemberg, et en 1813 il dirigea et réorganisa l'Opéra de Prague. Il fut le créateur, sur l'invitation du roi de Saxe, du théâtre musical allemand de Dresde. Cosmopolite dans ses goûts, il visita successivement : Berlin, où fut joué son *Freyschutz*, en 1822 ; Paris, en 1826 ; Londres, dans la même année.

Ce fut dans cette dernière ville qu'il fit représenter *Obéron*. Quelques mois après l'apparition de ce dernier ouvrage, Weber mourut, bercé dans son agonie par le doux bruit des applaudissements.

NICOLO

(Nicolas-Isouard, dit), né à Malte en 1775, de parents Français, vint à Paris en 1790, où il fut employé comme commis dans une maison de banque, qui, pour les besoins du commerce, l'envoya en mission à Palerme, Naples et Florence.

Ayant pris dans ses voyages le goût de la musique, il se fixa à Malte, en qualité d'organiste.

Revenu en France, après l'occupation de l'île par Bonaparte, il s'adonna complètement à la composition, et devint un des fournisseurs les plus féconds de l'Opéra-Comique.

Vingt-neuf pièces, ayant toutes obtenu plus ou moins de succès, plusieurs étant classées parmi les chefs-d'œuvre — je citerai *Joconde, Cendrillon, Jeannot et Collin*. — forment son bagage musical.

Nicolo mourut en 1818, laissant inachevé *Aladin, ou la Lampe merveilleuse*, opéra en cinq actes, qui fut représenté sur la scène de l'Académie royale de musique, en 1822.

MÉHUL

(Étienne-Henri), né à Givet, en 1763, vint en 1779 à Paris, où il fit la connaissance de Glück, qui, lui reconnaissant de grandes dispositions pour la musique, se fit un plaisir de les cultiver. L'illustre maître, chef de l'école à laquelle il a laissé son nom, n'eut pas à se repentir des soins donnés à son élève.

Méhul, en 1790, donna à l'Opéra-Comique *Euphrosine et Coradin*, un des plus grands succès de l'époque; puis, d'année en année, *Stratonice, Rosine et Mélidor, le Jeune Henri, l'Irato, Joseph*.

Sous la première République, c'est Méhul qui mit en musique les hymnes, alors en faveur, le *Chant du départ*, le *Chant de victoire,* le *Chant du retour*.

Membre de l'Institut depuis 1796, Méhul mourut à Paris en 1817.

CHÉRUBINI

(Salvador), né à Florence, en 1760, d'un père maître de musique, s'adonna de bonne heure à la composition.

A treize ans, il écrivait sa première messe, et à dix-neuf ans son premier opéra.

Appelé à Londres en 1784, il y fit jouer la *Finta Principessa* et *Guilio Sabino*. Puis, il vint se fixer en France en 1787.

Lié avec Viotti, il obtint la direction musicale de l'Opéra-Buffa.

En 1788 il fit représenter à Turin une *Ifigenia in Aulide*, qui eut un bien plus grand succès que son *Démophon*, joué à la même époque à Paris, sur la scène de l'Académie de musique.

Ce fut par *Lodoïska*, opéra représenté au théâtre Feydeau, qu'il parvint au faîte de sa réputation.

Il donna successivement : en 1794 *Élisa ;* en 1800, *les Deux Journées ;* il serait trop long de suivre ce compositeur dans ses travaux de tous genres, musique de chambre, musique de théâtre, musique d'église, etc. Il avait soixante-treize ans quand il fit jouer *Ali-Baba*.

En 1816 Chérubini avait été nommé surintendant de la musique du roi.

Depuis longtemps professeur du Conservatoire, il en devint en 1822 le directeur. Son passage y a laissé des traces et plusieurs réformes datent de lui.

Membre de l'Institut depuis vingt-six ans, Chérubini mourut en 1842, laissant le *Requiem*, composé par lui pour être chanté à ses funérailles.

PAISIELLO

(J.), né à Tarente en 1741, eut pour professeur Durante. Il débuta dans la composition en 1763, et partit bientôt après pour Saint-Pétersbourg, d'où des offres brillantes lui étaient parvenues.

Ayant résidé de longues années en Russie, en Pologne, en Autriche, en Italie, en France, il se fixa définitivement à Naples.

Son œuvre se compose de musique d'église et d'opéras; parmi ces derniers, les plus remarquables sont : *la Pupilla*, *il Re Teodoro*, *la Molinara*, *Nina*, et un *il Barbiere di Siviglia*, qui précéda celui de Rossini.

Paisiello mourut à Naples en 1816.

PICCINI

(Nicolo), né à Bari en 1728, vint, vers 1776, habiter la France, où de chaleureux partisans le posèrent en rival de Glück, alors dans toute la force de son génie et tout le rayonnement de sa réputation.

Le public se passionna, et la querelle des glückistes et des piccinistes restera, pour les générations futures, aussi célèbre que celle des Montaigus et des Capulets.

La reine Marie-Antoinette était à la tête du camp des glückistes, madame du Barry voulut patronner les piccinistes.

Le roi Louis XVI nomma Piccini directeur de l'École de chant.

La Révolution ayant fait perdre au compositeur sa direction, celui-ci quitta Paris, où il revint sous le Directoire, duquel il obtint une pension.

Parmi les cent cinquante ouvrages laissés par Piccini, je citerai seulement : *Zénobia, Roland, Atys, Didon, Diane et Endymion, Pénélope, Iphygénie en Tauride.*

Il est à remarquer qu'à l'époque où nous en sommes, tout compositeur qui se respectait voulait avoir son *Iphygénie en Aulide* ou en *Tauride*, quelquefois même les deux ensemble.

Piccini mourut à Paris en 1800.

PHILIDOR

(Fr.-André Danican, dit), né à Dreux en 1726, est plus connu peut-être comme joueur d'échecs que comme compositeur, et son buste me paraîtrait mieux placé au café de la Régence, où d'ailleurs son nom est inscrit en lettres d'or au plafond, que dans la galerie de l'Opéra.

Philidor cependant a fourni son petit contingent à l'art musical : plusieurs opéras-comiques, depuis longtemps rentrés dans les cartons, et trois grands opéras, dont les noms sont connus des seuls archivistes, *Ernelinde, princesse de Norwége,* jouée également sous le titre de *Sandomir, princesse de Danemark ;* puis *Persée* et *Thémistocle.*

Philidor mourut en 1795.

ROUSSEAU

(J.-J.), né en 1712, à Genève, était fils d'un horloger.

Comme je n'ai à m'occuper ni de sa philosophie, ni de ses mœurs, ni de ses ouvrages littéraires, mais seulement du mince bagage musical qui lui a mérité l'honneur d'être représenté au Panthéon imaginé par l'architecte de l'Opéra, ma biographie ne sera pas longue.

En 1752, *le Devin du village,* paroles et musique attribuées à Jean-Jacques Rousseau, fut représenté à Fontainebleau sur le théâtre de la cour. L'année suivante, l'œuvre du citoyen de Genève fit son apparition sur la scène de l'Opéra. Le succès fut grand à la ville comme à la cour. Bientôt des réclamations arrivèrent de Lyon, de la part des héritiers d'un sieur Granet, contestant la paternité musicale du *Devin* au sieur Rousseau.

Ces réclamations prirent tant de consistance, et troublèrent tellement dans sa vanité le philosophe, que renonçant à la première partition, il voulut en composer une seconde. L'effet ne fut pas heureux; cette nouvelle composition, sifflée à outrance, fut abandonnée après la première représentation, et toutes les fois que, depuis cette mémorable soirée (22 avril 1779), l'opéra fut représenté, c'est avec la musique *dite* Granet.

Je ne parlerai que pour mémoire d'une partition de *Pygmalion,* dont la propriété fut également réclamée par le sieur Horace Coignet, compatriote de Granet.

Je ne veux faire tort à Jean-Jacques Rousseau, ni de sa fameuse *Lettre sur la musique*, ni de son *Dictionnaire de musique*. Rousseau mourut en 1778 : sa mort fut expliquée de différentes manières, par le suicide ou par le poison.

Le fait acquis à l'histoire, c'est qu'il mourut subitement.

Avant d'arriver au Panthéon-Garnier, Rousseau avait fait une station au Panthéon-Sainte-Geneviève.

CAMPRA

(André), né à Aix en Provence, en 1660, était, à l'âge de dix-neuf ans, maître de musique à la cathédrale de Toulon. Plus tard il vint à Paris, fut nommé maître de chapelle du collége des Jésuites, puis passa avec le même titre, à l'église cathédrale de Notre-Dame.

Tout en s'occupant de la musique sacrée, Campra rêvait le théâtre, et pendant les loisirs que lui laissait l'église, il se livrait à la composition profane.

Parmi ses ouvrages assez nombreux, dont plusieurs eurent un grand succès, il faut citer : *l'Europe galante, le Carnaval de Venise* (1699), *Hésione*, l'*Aréthuse*, une *Iphygénie en Tauride, Amaryllis*, etc., etc.

Campra alimenta l'Opéra pendant plus de trente-cinq ans. Il mourut à Venise en 1744, âgé de près de quatre-vingt-quatre ans.

CAMBERT

(Robert), né à Paris en 1628, fut à tous titres le créateur de notre opéra. Organiste de l'église collégiale Saint-Honoré, puis surintendant de la musique de la reine Anne d'Autriche, il se lia avec l'abbé Perrin, introducteur des ambassadeurs auprès de Gaston, duc d'Orléans, et fit avec lui le premier opéra français, exécuté à Issy, longtemps avant l'établissement de l'Académie royale de musique.

La *Pastorale en Musique*, tel est le titre de l'œuvre qui fit courir tout Paris jusqu'à la maison de campagne de M. de la Haye, à Issy.

Encouragé par la réussite, l'auteur des paroles, Perrin, sollicita et obtint du roi Louis XIV des lettres patentes autorisant la fondation d'académies de musique. Le parolier s'associa naturellement, pour l'exploitation du privilége, le compositeur qui avait partagé son premier succès.

Le 19 mars 1671, l'Académie royale fit son inauguration par *Pomone*, due à la collaboration des deux directeurs.

L'année suivante, Cambert composa la musique de *les Peines et les Plaisirs de l'Amour*, pastorale en 5 actes.

Perrin et Cambert ne conservèrent pas longtemps leur privilége, qui leur fut retiré au moment même où ils allaient mettre en scène une de leurs nouvelles œuvres : *Ariane*.

L'Académie royale de musique passa aux mains de Lulli.

Découragé, Cambert, emportant son *Ariane*, quitta la France et se réfugia à Londres, où il fit représenter son œuvre devant le roi Charles II, qui, reconnaissant du plaisir qu'il avait éprouvé, nomma le compositeur surintendant de sa musique.

Cambert ne jouit pas longtemps de la faveur royale, car miné par un chagrin violent et ayant la nostalgie de la France, il mourut en 1677.

SCRIBE

(Augustin-Eugène),[1] né à Paris, en 1791, est l'un des deux librettistes admis aux honneurs de l'exposition de l'Opéra. Fils d'un marchand de soieries de la rue Saint-Denis, qui y avait fait une jolie fortune, élève du collége Sainte-Barbe, et plus tard destiné au barreau, il ne mordit pas plus à la jurisprudence qu'à la soie. Tous ses goûts, toutes ses aspirations étaient pour le théâtre.

Ses premiers essais ne furent pas des succès : *les Dervis, l'Auberge, Thibault, le Bachelier de Salamanque,* etc., etc., ne pouvaient faire prévoir le talent dramatique dont devait faire preuve plus tard le jeune vaudevilliste. C'est seulement du librettiste d'opéra que j'ai à m'occuper. Il y a loin de *la Neige*, représentée à l'Opéra-Comique en 1823, au *Prophète* et à *l'Africaine*.

Pendant trente ans et plus, Scribe eut pour ainsi dire le monopole des fournitures de l'Opéra. Durant ces trente années il fut le point de mire des quolibets de tous les petits journaux, qui lui reprochaient sa trop grande fécondité d'abord, puis ses trivialités et ses ellipses, dont souvent il n'était nullement coupable.

Tout le monde ne sait pas, en effet, que rarement, jamais même, un scenario d'opéra n'est musiqué tel que l'a écrit le librettiste. Selon les besoins de sa phrase musicale, le compositeur fait des remaniements, allonge un vers, en diminue un autre, change des syllabes manquant de sonorité quand la note doit s'y arrêter, et mutile ainsi, grammaticalement parlant, le meilleur poëme.

Personne mieux que Scribe ne comprenait la situation dramatique au point de vue des musiciens, et l'injustice serait grande, qui ne voudrait pas lui faire une large part dans le succès des chefs-d'œuvre lyriques du répertoire moderne.

Scribe prit pour armoiries une plume qu'il avait entourée de cette devise, d'une pureté latine un peu contestable :

Inde fortuna et libertas.

Inde s'appliquerait plus facilement à une écritoire qu'à une plume ; quant à *fortuna*, ce mot en latin n'a jamais signifié richesse.

L'œuvre complète de Scribe atteint presque le chiffre de quatre cents pièces.

Le célèbre auteur dramatique, officier de la Légion d'honneur, membre de l'Académie française, et commençant, aujourd'hui, au tournant de la façade de l'Opéra, la série des bustes de bronze, mourut subitement en 1861.

ROSSINI

(Giacomo), né à Pesaro en 1792, de parents peu favorisés de la fortune, n'est élève d'aucun conservatoire, et fut lui-même son propre maître.

Musicien d'église, il trouva dans la touche des orgues ses premiers moyens d'existence.

Plus tard il mettait en partition les symphonies d'Haydn et de Mozart. Il resta en Italie jusqu'en l'année 1823, marchant sur la route de l'art d'un pas de géant, et jetant sur toutes les scènes des trésors d'harmonie qui ont titres, sur le livre d'or des chefs-d'œuvre, *Tancredi, Italiana in Algieri, il Barbiere, Otello,* la *Cenerentola,* la *Gazza ladra,* l'*Armide, Moïse,* la *Donna del lago, Matilde di Sabran, Semiramide.*

En quittant l'Italie, Rossini alla en Angleterre, d'où bientôt il vint à Paris ; il y fut nommé directeur de la musique au Théâtre-Italien, avec engagement de sa part d'écrire pour l'Opéra et pour les Bouffes. Son premier ouvrage fut *il Viaggio a Reims,* devenu plus tard *le Comte Ory.* Puis vint l'appropriation à la scène française de *Mahomet II* (le siége de Corinthe), et de *Mosè in Egitto* (Moïse). Ces trois œuvres n'étaient que les signes précurseurs du messie qu'avait fait entrevoir le génie du maître : *Guillaume Tell* parut. Le lendemain de la première représentation, Rossini brisait sa plume.

AUBER

(Daniel-François-Esprit), né à Caen en 1782, fils de parents marchands d'estampes à Paris, fut d'abord destiné au commerce. Envoyé dans cette pensée à Londres, il en revint rapportant des *duos*, des *quatuors*, des *concertos*, mais peu de goût pour les affaires. Ce fut alors qu'Auber voulut aborder le théâtre. Il refit à sa manière la musique d'un vieil opéra, et écrivit celle d'un autre ouvrage, dont le nom même n'a pas survécu. Ces essais furent représentés, non sans succès, sur des théâtres de société.

En 1813, seulement, Auber débuta à Feydeau par *le Séjour militaire,* opéra en un acte. La tentative ne fut pas heureuse; et, pendant quelques années, le jeune compositeur sembla vouloir renoncer au théâtre, recherchant dans le professorat musical des moyens d'existence plus sérieux.

Après un intervalle de six ans, Auber revint toutefois à la scène; mais ce ne fut que de *la Bergère Châtelaine* que data l'ère de ses succès.

En 1828, il donna *la Muette de Portici,* à l'Opéra, où il débuta ainsi par un chef-d'œuvre.

Depuis s'y succèdèrent *le Dieu et la Bayadère, le Philtre, le Serment, Gustave III, le Lac des Fées, l'Enfant prodigue, Zerline,* etc.

La nomenclature des ouvrages d'Auber, représentés à l'Opéra-Comique, série de succès, serait trop longue à faire. Qui d'ailleurs ne connaît entre autres œuvres *Fra Diavolo, l'Ambassadrice, le Domino noir, le Cheval de bronze, la Sirène,* etc., etc.

Auber, grand officier de la Légion d'honneur, est membre de l'Institut, directeur du Conservatoire, et maître de la musique de la chapelle impériale et des concerts de la cour.

BEETHOVEN

(Louis), né à Bonn, dans l'électorat de Cologne, en 1772, alla faire des études musicales à Vienne, sous le célèbre Haydn, dont il devint bientôt le rival. Le génie de l'illustre compositeur s'adonna principalement à la musique instrumentale et à la composition de symphonies, de sonates et de concertos. La musique de *Fidelio* et l'ouverture de *Coriolan* portent le cachet immortel du maître.

Atteint d'une surdité précoce qui apporta un obstacle à ses travaux, il mourut en 1827.

MOZART

(Woflgang-Amédée), né à Saltzbourg en 1756, fut d'une très-rare précocité. Il se montra bientôt l'égal des plus grands maîtres. Il visita l'Angleterre, les Pays-Bas et l'Italie ; partout il fut accueilli avec enthousiasme.

Étant venu à Paris, il y séjourna peu : n'y trouvant pas, peut-être, l'engouement qui l'avait accueilli ailleurs.

Il se rendit à Vienne, où il rencontra, en la personne de l'empereur Joseph II, un appréciateur éclairé.

Mozart a touché à tous les genres ; dans tous il a triomphé. Ses chefs-d'œuvre sont : *Don Juan*, repris dernièrement par l'Opéra et le Théâtre-Lyrique, *la Flûte enchantée*, et *les Noces de Figaro*, remis au répertoire, par cette deuxième scène.

Mozart a composé un grand nombre de symphonies, et comme Chérubini, il a écrit son fameux *Requiem*. Il mourut en 1791, âgé seulement de trente-six ans !

SPONTINI

(Gaspard), né en 1778, au bourg de Majolati, près de Iesi, dans les États-Romains, fut élève du Conservatoire de la Pieta, à Naples ; il y fit son premier essai de composition dramatique, puis s'en fut à Rome, ensuite à Venise et à Florence sans pouvoir arriver à la réputation.

En 1803, il vint à Paris, où il fit représenter sur le Théâtre-Italien *la Finta Filosofa*.

Il se révéla comme grand compositeur dans *Milton* ; mais ce ne fut pas sans peine que, même protégé par l'impératrice Joséphine, dont il dirigeait la musique, il parvint à faire représenter sa *Vestale*, grand opéra sur lequel il fondait de brillantes espérances.

Le succès fut grand, et valut à Spontini un des prix décennaux.

A *la Vestale* succéda *Fernand Cortez,* qui ne réussit pas moins.

Directeur du Théâtre-Italien en 1810, son administration fut des plus artistiques, mais non pas des plus fructueuses. En 1820, Spontini quitta la France pour aller en Prusse diriger l'Opéra de Berlin, où il fit représenter *Agnès*. Membre de l'Institut, il revint Paris qu'il quitta bientôt pour retourner dans son pays natal, où il mourut en 1851.

MEYERBEER

(Giacomo), né à Berlin en 1794, n'eut pas, comme la plupart des hommes de génie, à subir les premières épreuves de la vie difficile. Fils de famille riche, ce fut à titre d'enfant prodige qu'il effectua ses premières gammes sur le piano. Plus tard, sans être aiguillonné par le besoin, il eut tout le temps de se livrer à une composition étudiée.

Ce fut à Darmstadt où l'abbé de Voger, à qui Meyerbeer avait envoyé son premier essai, l'avait fait venir, que l'illustre maëster rencontra l'auteur de *Freischutz,* Ch.-Marie de Weber. *Le Vœu de Jephté,* le premier opéra de Meyerbeer, fut représenté à Munich en 1812. Peu de mois après, *Ahimelech, ou les deux Califes,* fut donné à Vienne.

En 1815, Meyerbeer se rendit en Italie. Pendant deux

ans il attendit vainement qu'on voulût bien lui confier un libretto. Enfin, il put faire jouer sur diverses scènes italiennes, *Romilda e Constanza* et quelques autres ouvrages, y compris son chef-d'œuvre dans sa première manière : *il Crociato in Egitto*.

Enfin, en 1831, l'Académie royale de musique de Paris représentait *Robert le Diable ;* en 1836, *les Huguenots*, et en 1849, *le Prophète*.

Dans l'intervalle de ces pièces, Meyerbeer donnait à l'Opéra-Comique *l'Étoile du Nord* et *le Pardon de Ploërmel*.

Le grand maître, décoré de tous les ordres, mourut en 1864, n'ayant pas eu le suprême bonheur d'assister à la première représentation de son *Africaine*.

HALÉVY

(Fromental), né à Paris en 1799, entra au Conservatoire à l'âge de dix ans. Il fut l'élève de Berton pour l'harmonie, et étudia le contre-point sous Chérubini.

Après plusieurs essais qui attirèrent l'attention sur lui, il partit pour l'Italie comme pensionnaire du gouvernement.

A son retour en France il s'adonna complétement à la composition, et ce ne fut que cinq ans plus tard qu'il parvint à faire représenter à Feydeau un opéra-comique en un acte, *l'Artisan,* premier de ses ouvrages qui ait vu la rampe.

Se succédèrent bientôt, tant aux Italiens qu'à l'Opéra : *Claris, le Dilettante d'Avignon, Manon Lescaut, la Tentation,* etc., etc.

Puis parut son chef-d'œuvre, *la Juive.*

Arrivé au point culminant de son talent et de sa réputation, Halévy devint dès lors un des producteurs les plus féconds de nos deux scènes lyriques. *Guido et Ginevra; la Reine de Chypre; Charles VI; le Juif errant; la Magicienne; l'Eclair; les Mousquetaires; le Val-d'Andore; Valentine-d'Aubigné* furent représentés en l'espace de vingt ans, avec des succès plus ou moins brillants.

Halévy, professeur du Conservatoire, membre et secrétaire perpétuel de l'Académie des Beaux-Arts, commandeur de la Légion d'honneur, mourut en 1862.

QUINAULT

(Ph.), né en 1635, était fils d'un boulanger. M. Garnier l'a placé dans son Olympe, comme pendant de Scribe, qui fut le Quinault de son temps, comme Quinault avait été le Scribe de son époque.

Il travailla d'abord chez un avocat au parlement; acheta ensuite une charge d'auditeur à la chambre des comptes, puis obtint le titre de valet de chambre du roi.

En dehors de ses occupations, il cultivait les lettres. C'est en 1672, qu'il donna son premier opéra : *les Fêtes de l'Amour et de Bacchus*, ayant pour collaborateurs Molière, Bensérade et Périgny.

Pendant vingt-quatre ans, Quinault écrivit presque tous les opéras dont l'infatigable Lulli faisait la musique. Je ne citerai qu'*Alceste, Thésée, Atys, Isis, Proserpine, Persée, Rolland, Amadis,* etc.

Quinault est, pour les paroles, le créateur de l'opéra français : membre de l'Académie, décoré de l'ordre de Saint-Michel et pensionné de 2,000 livres par Louis XIV, il mourut en 1688.

MONTEVERDE

(Claude), né à Crémone en 1568, d'un talent sur la viole très-estimé à l'époque, entra au service du duc de Mantoue.

Il eut comme professeur de contre-point Marc-Antoine Ingegneri, auquel il succéda dans les fonctions de directeur de la musique du duc.

Plus tard, il obtint la place de maître de chapelle de Saint-Marc à Venise.

Monteverde opéra une révolution dans la musique; il y introduisit l'harmonie. Il composa pour la cour de Mantoue ses opéras et ballets, *Ariane, Orfeo, Delle in-*

grate, Proserpina rapita, il Ritorno d'Ulysse, etc. Il a laissé une grande quantité de musique d'église, fut un des premiers membres de l'Académie philharmonique de Bologne et mourut en 1643. Avec Monteverde commence la seconde série des bustes de pierre.

DURANTE

(François), né à Naples en 1684, d'après M. Garnier, (en 1693, d'après Bouillet et Fétis), fut admis au Conservatoire de San Onofrio dès l'âge de sept ans. Très-jeune, il composa des morceaux de musique d'église très-remarquables.

Durante, regardé avec raison comme l'un des chefs de l'école moderne, après bien des péripéties de bonne et mauvaise fortune, mourut en 1755, maître de musique du Conservatoire dont il avait été l'élève.

JOMELLI

(Nicolo), né à Aversa en 1724, visita successivement Rome, Vienne, Stuttgard. Il sema sur son passage un grand nombre d'opéras : *Sémiramis, Vologèse, Enée, Démophon,* la *Clémence de Titus, Alexandre aux Indes,* etc. Son ouvrage *il Paratagio* fut joué à Paris. Partout escorté du succès, Jomelli mourut dans sa ville natale en 1774.

MONSIGNY

(P.-Alex.), né en Artois en 1729, était employé d'administration, lorsque se manifestèrent ses aptitudes musicales. Il fut un des premiers compositeurs de comédies à ariettes, qui furent le point de départ de l'Opéra-Comique.

Parmi ses pièces assez nombreuses, je citerai : *le Maître en droit, le Cadi dupé, le Roi et le fermier, Aline, ou la reine de Golconde, le Déserteur, le Faucon, la Belle Arsène, Félix,* qui fut son dernier ouvrage.

Nommé en 1800 inspecteur de l'enseignement au Conservatoire, membre de l'Institut, Monsigny mourut en 1807.

GRÉTRY

(André-Ernest-Modeste), né à Liége en 1741, alla étudier la musique en Italie, d'où il rapporta la forme fraîche et gracieuse qui fait le charme de ses œuvres. Il produisit beaucoup, et la génération présente applaudit encore certains de ses ouvrages restés comme principaux joyaux du répertoire de l'Opéra-Comique ; j'ai suffisamment désigné : *le Tableau parlant, Richard Cœur de lion,* etc.

L'œuvre de Grétry, à l'Académie de musique, se compose de : *Collinette à la cour, l'Embarras des richesses, la Caravane du Caire* dont le comte de Provence, qui fut plus tard Louis XVIII, avait fait les paroles ; *Panurge dans l'île des Lanternes,* avec le même collaborateur ; *Amphitryon, Aspasie, Anacréon chez Polycrate,* etc. Il mourut en 1813.

SACCHINI

(Antoine-Marie-Gaspard), né à Naples en 1735, commença de bonne heure sa réputation musicale. Il préluda à Rome, visita l'Allemagne, la Hollande, l'Angleterre, la France ; le succès l'accompagna partout.

Arrivé à Paris en pleine querelle des glückistes et des piccinistes, ce ne fut pas, toutefois, sans peine qu'il parvint à y faire jouer ses opéras : *Renaud, Chimène, Dardanus, Œdipe à Colone, Arvire et Evelina,* etc.

Sacchini, un des plus grands maîtres de son époque, si riche en talent, mourut en 1786.

LESUEUR

(J.-F), né dans les environs d'Abbeville, en 1763, était, à vingt-trois ans, maître de chapelle de la métropole de Paris. Il fut attaché au Conservatoire, d'abord comme professeur, ensuite comme inspecteur. *La Caverne* et *Paul et Virginie* obtinrent un grand succès à l'Opéra-Comique.

Son chef-d'œuvre représenté à l'Opéra, *Ossian, ou les Bardes,* lui valut, pendant la première représentation, la croix de la Légion d'honneur que lui remit lui-même, dans sa loge, Napoléon 1er ; quelques jours plus tard l'empereur envoyait encore à Lesueur, une tabatière en or contenant dix mille francs en billets, sur laquelle étaient gravés ces mots : « *L'Empereur des Français à l'auteur des Bardes.* »

Les générosités de Napoléon Ier à l'égard de l'illustre compositeur ne s'en tinrent pas là.

Lesueur mourut en 1837.

BERTON

(Henri-Montan), né en 1767, à Paris, fils de Pierre

Berton, directeur de l'Opéra, y occupait, à l'âge de treize ans, un pupitre de violon à l'orchestre ; élève de Sacchini, après avoir composé quelques oratorios, il fit représenter, en 1787, son premier opéra-comique, *la Promesse de Mariage*.

Un grand nombre d'ouvrages suivirent ce début : *le Nouveau d'Assas, Viala, Tyrtée, Ponce de Léon, Montano et Stéphanie, le Délire, Aline, reine de Golconde*, etc.

Berton fut professeur au Conservatoire dès la création de l'établissement, devint tour à tour directeur du Théâtre-Italien, et chef du chant de l'Académie de musique.

Membre de l'Institut, il mourut en 1844, laissant un *Traité d'harmonie* et un *Dictionnaire des accords* très estimés des gens spéciaux.

BOIELDIEU

(F.-Adrien), né à Rouen en 1775, était, à vingt-quatre ans, professeur de piano au Conservatoire de Paris.

Bientôt il quitta la France, alla en Russie, où l'empereur Alexandre le choisit pour son maître de chapelle.

Avant son départ, et après son retour, Boïeldieu composa ses célèbres opéras : *le Calife de Bagdad, ma Tante Aurore, le Nouveau Seigneur, Jean de Paris, le Chaperon Rouge, la Dame Blanche*.

Il mourut en 1834, au fond de la Brie, où il s'était retiré.

HÉROLD

(Louis-Joseph-Ferdinand), né à Paris en 1791, d'un père pianiste, obtint en 1812 le grand prix de composition. Il fut envoyé à Rome comme pensionnaire du gouvernement.

Il composa à Naples son premier ouvrage dramatique, la *Gioventu d'Enrico Quinto*.

Ses œuvres représentées à Paris sont : *les Rosières, la Clochette, le Muletier, Marie, Zampa, le Pré aux Clercs*.

Hérold mourut, âgé de quarante-deux ans, en 1833.

DONIZETTI

(Gaëtan), né à Bergame en 1798, destiné au barreau, s'adonna avec passion à la carrière musicale. Il débuta, à Venise, par l'opéra *Enrico di Borgogna*; mais ce fut *Zoraïde di Gronata*, composée pour Rome, qui commença sa réputation, confirmée par *Anna Bolena*, et *Lucrezia di Borgia*, représentées à Milan.

Donizetti vint en 1835 à Paris, où il donna *Marino Faliero*.

L'œuvre français de ce maître, tant à l'Opéra-Comique

qu'à l'Académie de musique, se compose de *la Fille du Régiment,* des *Martyrs,* de *la Favorite, Don Sébastien.*

Donizetti a écrit plus de soixante partitions : son chef-d'œuvre, la *Lucia,* traduite en français, a eu autant de succès qu'en italien.

Epuisé par une vie pleine d'émotions de toutes sortes, et atteint d'aliénation mentale, il mourut en 1848, âgé de cinquante ans, à Bergame où il avait été transporté.

VERDI

(Giuseppe), né dans le duché de Parme en 1814, prit auprès d'un organiste de village ses premières leçons de musique. Plus tard, habitant Milan, il devint l'élève assidu de l'impressario dirigeant alors le théâtre de la Scala, où il donna son premier ouvrage : *Oberto di San-Bonifazio.*

Son premier succès fut *Nabucco.* Dès lors toutes les villes se disputèrent ses partitions : *i Lombardi, Ernani, i duo Foscari, Alzire, Attila, Macbeth* se succédèrent rapidement.

Ce fut par *Jérusalem,* pastiche de *i Lombardi,* que Verdi fit son entrée à l'Académie de musique de Paris, où depuis il a fait représenter *les Vêpres siciliennes,* son *Trovatore* traduit, et en dernier lieu *Don Carlos.*

Après le *Trovatore,* les plus grands succès de Verdi sont la *Traviata* et *Rigoletto.*

Quatre médaillons sculptés sur la façade du nouvel Opéra, au-dessous de la galerie des bustes, et représentant encore quatre compositeurs, célèbres à divers titres, portent à trente-sept les élus de M. Garnier.

Ces nouveaux arrivés, toutefois, semblent ne pas tenir dans l'Olympe un rang égal à celui des premiers installés.

Dii minores, dirait M. Jules Janin. En effet, pendant que leurs confrères ont les honneurs du buste, ils sont simplement burinés en médaillons. Ils se nomment cependant Bach, Pergolèse, Haydn, Cimarosa; et, comme les autres, ils ont leurs biographies au nobiliaire de la célébrité.

BACH

(J.-Sébastien), né à Elseneur en 1685, d'une famille d'artistes, qui dans l'espace de deux cents ans a produit plus de cinquante musiciens, fut tour à tour maître de chapelle du duc de Weimar, du prince d'Anhalt-Cœten, de l'électeur de Saxe, roi de Pologne. Il a laissé un grand nombre de morceaux de musique classique et sacrée, préludes et oratorios, et une postérité de onze enfants qui tous ont occupé une place distinguée dans les arts.

Bach mourut à Leipsick en 1754.

PERGOLÈSE

(Jean-Baptiste) né dans le royaume de Naples en 1704,

contribua pour beaucoup au mouvement musical du XVIII⁰ siècle. Toutefois son bagage artistique n'est pas énorme. Son *Stabat*, et son opéra la *Servante Padrona*, sont ses principaux titres à l'admiration de la postérité. Il est vrai que la vie de Pergolèse fut des plus courtes, car il mourut en 1737, âgé de trente-trois ans.

HAYDN

(François-Joseph), enfant d'un pauvre charron du village de Rohrau, près de Vienne, naquit en 1732.

Il passa sa jeunesse dans la gêne, presque dans la misère ; et, dans l'impossibilité de payer des professeurs, il fut son seul maître.

En 1760, le prince Nicolas de Vienne l'attacha à sa maison en qualité de maître de chapelle.

Son œuvre est considérable ; il a abordé tous les genres : opéras, oratorios, symphonies, cantates, sérénades, concertos, etc. Les plus remarquables de ses ouvrages sont : *le Diable boiteux*, une *Armide*, *Orlando Paladino*, un *Orfeo*. *La Création* est son chef-d'œuvre.

Haydn mourut en 1809.

CIMAROSA

(Dominique) né à Naples en 1754, s'adonna dès sa première jeunesse à la composition dramatique. Il fut tour à tour appelé par diverses cours du Nord. Sa fécondité fut extrême. Le nombre de ses opéras dépasse cent vingt, dans les deux genres sérieux et comique. Pour n'en citer que les principaux, il faut mentionner : *le Sacrifice d'Abraham*, *Pénélope*, *les Horaces et les Curiaces*, *l'Italienne à Londres*, *le Directeur dans l'embarras*, et *le Mariage Secret* (il Matrimonio Segreto), qui est encore au répertoire du théâtre des Italiens.

Cimarosa mourut à Venise en 1801.

Post-Scriptum. — Un livre ne s'imprime pas en un jour.

D'un autre côté, les cadres de l'Opéra sont d'une grande mobilité. Ceci dit, pour expliquer qu'il pourrait bien se faire, que ce qui était *le présent*, au moment où j'écrivais, à l'endroit du personnel de l'Académie impériale de musique, soit devenu *le passé*, au mois d'octobre 1868.

FIN

TABLE

DÉMÉNAGEMENTS DE L'OPÉRA.................................... 1
DIRECTIONS ET ADMINISTRATIONS............................. 9

BATTEURS DE MESURE ET CHEFS D'ORCHESTRE.

CAMBERT... 19
LALOUETTE.. 20
COLASSE... 20
MARAIS... 22
J. REBEL... 22
LACOSTE... 23
MOURET.. 23
F. FRANCŒUR ET REBEL.. 24
NIEL... 24
CHÉRON.. 25
LAGARDE... 25
DAUVERGNE... 25
AUBERT.. 26
BERTON.. 26
L.-J. FRANCŒUR... 27
REY.. 28
PERSUIS.. 29

KREUTZER	30
HABENECK	31
GIRARD	32
DIETSCH	32
GEORGE HAINL	33

FORTES CHANTEUSES ET CANTATRICES LÉGÈRES.

DE CASTELLY	38
BRIGOGNE	38
AUBRY	39
VERDIER	39
DE SAINT-CHRISTOPHE	39
PIESCHE	39
FERDINAND	40
LOUISON MOREAU	40
FANCHON MOREAU	40
DESMATINS	40
MARTHE LE ROCHOIS	41
MAUPIN	41
SOURIS AÎNÉE	42
FOURNET	42
ANTIER	43
LE MAURE	43
PÉLISSIER	44
PETITPAS	45
ROTISSET DE ROMAINVILLE	46
CHEVALIER	47
MARIE DE FEL	47
CLAIRON	47
FIFINE	48
SOPHIE ARNOULD	48

LARRIVÉE	50
CARTOU	50
LAGUERRE	51
LEVASSEUR	53
SAINT-HUBERTI	53
GAVAUDAN	55
DE BEAUMESNIL	55
DUPLANT	56
DURANCY	56
DURET	56
DOZON	56
MAILLARD	57
SAINT-AUBIN	58
SCIO	58
ROUSSELLOIS	58
BRANCHU	59
GRASSARI	59
DAMOREAU (CINTHIE MONTALAND)	59
DORUS	60
FALCON	61
NAU	61
STOLZ	62
HEINEFETTER	63
VIARDOT	63
CASTELLAN	63
ALBONI	64
LABORDE	64
POINSOT	64
TÉDESCO	65
DUSSY	65
CRUVELLI	66
BOSIO	67
WERTHEIMBER	67

LAFON	67
BORGHI-MAMO	68
GUEYMARD	68
BARBOT	69
SASSE	70
VANDENHEUVEL DUPREZ	70
MARIE BATTU	71
ROSINE BLOCH	71
MAUDUIT	71
NILSSON	72

TÉNORS, BARYTONS ET BASSES.

ROSSIGNOL	73
BEAUMAVIELLE	74
CLÉDIÈRE	74
DUMÉNIL	74
THÉVENARD	75
BOUTELOU	77
GAYE	77
LAFORÊT	77
ATTO	78
MURAIRE	78
DE CHASSÉ	78
COCHEREAU	80
TRIBOU	80
JÉLIOTTE	81
LARRIVÉE	82
LEGROS	83
LAINEZ	84
CHÉRON	85
LAYS	85

TABLE

MOREAU	86
DELBOY	87
CHOLLET	88
SAINT-AUBIN	88
LEFÈVRE	89
ROUSSEAU	89
CHARDINI	90
ADRIEN	90
LOUIS DÉRIVIS	90
LOUIS NOURRIT	91
LAVIGNE	91
LECOMTE	92
LEVASSEUR	92
ALEXIS DUPONT	93
DABADIE	93
ADOLPHE NOURRIT	93
DUPREZ	95
LAFOND	96
FERDINAND PRÉVOT	97
MASSOL	97
PROSPER DÉRIVIS	97
MARIÉ	97
ALIZARD	98
MARIO	98
BARROILHET	99
POULTIER	99
OBIN	100
GUEYMARD	100
ROGER	101
CHAPUIS	101
COULON	102
BOULO	102
BONNEHÉE	103

BELVAL	103
RENARD	104
CAZAUD	104
MICHOT	104
FAURE	105
DULAURENS	105
VILLARET	105
NAUDIN	106
DAVID	106
DEVOYOD	106
COLIN	107

DANSEUSES ET BALLERINES.

LA FONTAINE	109
ROLAND	110
DESMATINS	110
FLORENCE	112
D'UZÉE	112
PRÉVOST	112
MAZÉ	113
ÉMILIE DUPRÉ	113
QUINAULT-DUFRESNE	113
GUYOT	114
CUPIS DE CAMARGOT	114
SALLÉ	115
DUVAL DU TILLET	117
MARIETTE	117
POULETTE	118
GROGNET	118
D'AZINCOURT	118
DESGRANGES	118

TABLE 293

SAINT-GERMAIN	118
LYONNAIS	118
LANY	119
HEINEL	119
CARVILLE	119
DEFRESNE	120
SULIVAN	120
LE DUC	120
GRANDPRÉ	121
LIANCOURT	122
CHONCHON	122
MIRÉ	122
REM	122
ALLARD	123
MAZARELLI	123
LOLOTTE	123
GRANDI	124
AUDINOT	124
CLÉOPHILE	124
GONDOLIÉ	125
MICHELOT	125
DORIVAL	125
DERVIEUX	126
THÉODORE	126
MADELEINE GUIMARD	127
PESLIN	129
DUPERREY	129
BEAUPRÉ	129
RENARD	130
P. GARDEL	130
CHEVIGNY	131
CLOTILDE MAFLEUROY	131
CHAMEROY	132

BIGOTTINI	132
GOSSELIN	132
MERCANDOTTI	133
AUBRY	133
LEGALLOIS	134
PAUL	134
DUVERNAY	134
NOBLET	136
MARIE TAGLIONI	136
A. DUPONT	137
PAULINE LEROUX	137
FANNY ELSSLER	138
THÉRÈSE ELSSLER	138
CARLOTTA GRISI	139
FANNY CERRITO	139
ROSATI	140
FERRARIS	141
EMMA LIVRY	142
ZINA RICHARD	143

MAITRES DE BALLETS, MIMES ET DANSEURS.

BEAUCHAMPS	146
SAINT-ANDRÉ	146
FAVIER	146
LAPIERRE	146
PÉCOURT	146
BALON	147
BLONDY	147
DUPRÉ	147
MARCEL	147
GAÉTAN VESTRIS	148
NOVERRE	149

MALTER	149
LANY	149
MAXIMILIEN GARDEL	150
AUGUSTE VESTRIS	150
PIERRE GARDEL	151
DAUBERVAL	151
NIVELON	152
BEAUPRÉ	153
AUMER	153
MILLON	154
GOYON	154
ARMAND VESTRIS	154
SAINT-AMAND	155
DUPORT	155
BLACHE	155
ALBERT	156
MONTJOIE	156
MÉRANTE	156
ÉLIE	157
COULON	157
TAGLIONI	157
MAZILIER	158
PERROT	158
CORALLI	158
MABILLE	159
PETIPA	159
SAINT-LÉON	159
BERTHIER	160
L. MÉRANTE	160
CHAPUY	161
OPÉRAS, BALLETS ET CANTATES	163
HISTOIRE DES BALS MASQUÉS	221

LES BUSTES DU NOUVEL OPÉRA.

ADAM	254
BELLINI	256
WEBER	257
NICOLO	257
MÉHUL	258
CHÉRUBINI	259
PAISIELLO	260
PICCINI	261
PHILIDOR	262
ROUSSEAU	262
CAMPRA	264
CAMBERT	264
SCRIBE	266
ROSSINI	267
AUBER	268
BEETHOVEN	270
MOZART	270
SPONTINI	271
MEYERBEER	272
HALÉVY	273
QUINAULT	274
MONTEVERDE	275
DURANTE	276
JOMELLI	276
MONSIGNY	277
GRÉTRY	277
SACCHINI	278
LESUEUR	279
BERTON	279
BOIELDIEU	280

TABLE

HÉROLD	281
DONIZETTI	281
VERDI	282
BACH	283
PERGOLÈSE	283
HAYDN	284
CIMAROSA	284
POST-SCRIPTUM	285

FIN DE LA TABLE.

Clichy. — Imp. M. Loignon, Paul Dupont et Cie, 12, rue du Bac-d'Asnières.

www.ingramcontent.com/pod-product-compliance
Lightning Source LLC
Chambersburg PA
CBHW071124160426
43196CB00011B/1796